Theorien der Gabe zur Einführung

Iris Därmann

Theorien der Gabe zur Einführung

JUNIUS

Junius Verlag GmbH
Stresemannstraße 375
22761 Hamburg
www.junius-verlag.de

Umschlaggestaltung: Florian Zietz
Titelbild: Marilyn Angel Wynn
© Getty Images
Satz: Junius Verlag GmbH
Druck: Druckhaus Dresden
Printed in the EU 2016
ISBN 978-3-88506-675-0
2., unveränderte Auflage 2016

Bibliografische Information der Deutschen Nationalbibliothek
Die Deutsche Nationalbibliothek verzeichnet diese Publikation in der Deutschen Nationalbibliografie; detaillierte bibliografische Daten sind im Internet über <http://dnb.d-nb.de> abrufbar.

Zur Einführung ...

... hat diese Taschenbuchreihe seit ihrer Gründung 1978 gedient. Zunächst als sozialistische Initiative gestartet, die philosophisches Wissen allgemein zugänglich machen und so den Marsch durch die Institutionen theoretisch ausrüsten sollte, wurden die Bände in den achtziger Jahren zu einem verlässlichen Leitfaden durch das Labyrinth der neuen Unübersichtlichkeit. Mit der Kombination von Wissensvermittlung und kritischer Analyse haben die Junius-Bände stilbildend gewirkt.

Von Zeit zu Zeit müssen im ausufernden Gebiet der Wissenschaften neue Wegweiser aufgestellt werden. Teile der Geisteswissenschaften haben sich als Kulturwissenschaften reformiert und neue Fächer und Schwerpunkte wie Medienwissenschaften, Wissenschaftsgeschichte oder Bildwissenschaften hervorgebracht; auch im Verhältnis zu den Naturwissenschaften sind die traditionellen Kernfächer der Geistes- und Sozialwissenschaften neuen Herausforderungen ausgesetzt. Diese Veränderungen sind nicht bloß Rochaden auf dem Schachbrett der akademischen Disziplinen. Sie tragen vielmehr grundlegenden Transformationen in der Genealogie, Anordnung und Geltung des Wissens Rechnung. Angesichts dieser Prozesse besteht die Aufgabe der Einführungsreihe darin, regelmäßig, kompetent und anschaulich Inventur zu halten.

Zur Einführung ist für Leute geschrieben, denen daran gelegen ist, sich über bekannte und manchmal weniger bekannte Autor(inn)en und Themen zu orientieren. Sie wollen klassische

Fragen in neuem Licht und neue Forschungsfelder in gültiger Form dargestellt sehen.

Zur Einführung ist von Leuten geschrieben, die nicht nur einen souveränen Überblick geben, sondern ihren eigenen Standpunkt markieren. Vermittlung heißt nicht Verwässerung, Repräsentativität nicht Vollständigkeit. Die Autorinnen und Autoren der Reihe haben eine eigene Perspektive auf ihren Gegenstand, und ihre Handschrift ist in den einzelnen Bänden deutlich erkennbar.

Zur Einführung ist in verstärktem Maß ein Ort für Themen, die unter dem weiten Mantel der Kulturwissenschaften Platz haben und exemplarisch zeigen, was das Denken heute jenseits der Naturwissenschaften zu leisten vermag.

Zur Einführung bleibt seinem ursprünglichen Konzept treu, indem es die Zirkulation von Ideen, Erkenntnissen und Wissen befördert.

Michael Hagner
Dieter Thomä
Cornelia Vismann

Inhalt

I. Die Gabe – zum Auftakt

Was hat es mit dem Schenken auf sich? Woher kommt die Verpflichtung, die Gabe – zumindest mit einem Dank – zu erwidern? Warum ist es anstößig, ein Präsent zurückzuweisen? Woran rührt die Reserve, Geschenke wie bloße Dinge oder Waren zu behandeln und sich ihrer im Falle des Nichtgefallens auf kürzestem Wege zu entledigen? Warum müssen Geschenke überflüssig und unnötig sein und sich entweder durch ihre rasche Sterblichkeit (Blumen, die verwelken) oder aber durch ihren zeitüberdauernden Wert (Schmuck) empfehlen? Aus welchem Grund sind sie dennoch unverzichtbar und Tag für Tag zwischen uns?

Fragen wie diese stehen im Zentrum des 1923/24 in der *Année Sociologique* erschienenen *Essays über die Gabe* von Marcel Mauss, der dem Rätsel des Gabentausches, der »hybriden« Mischung von Gabe und Ökonomie, von Freigebigkeit und Eigennutz, Freiwilligkeit und Zwang auf der Spur ist. Zweifellos gehört er zu den bekanntesten Klassikern der Soziologie, der einen der wichtigsten Traditionsstränge der französischen Theoriebildung angestoßen hat, für die Namen wie Georges Bataille, Claude Lévi-Strauss, Jacques Derrida und Michel Serres stehen. Mit dieser Einführung soll eine dichte Transformations- und – im Sinne der Selbstanwendung – eine Gabentauschgeschichte der Gabentheorien selbst skizziert werden. Dabei werden nicht zuletzt die produktiven Missverständnisse und Interpretationsperspektiven rekonstruiert, die diese Rezeptionsgeschichte in soziologischer, ethnologischer und philosophischer Hinsicht auszeichnen. Es wird gezeigt, dass und inwiefern der *Essay über die Gabe* für eine nicht-marxistische Kritik des Kapitalismus und eine Kunsttheorie im Zeichen exzessiver Verschwendung, für die strukturale Verwandtschaftsforschung im Namen der Reziprozität, die dekonstruktive Gaben- und Zeittheorie und das Konzept der unbedingten Gastfreundschaft sowie für die Komplexitäts- und Akteur-Netzwerk-Theorie bahnbrechend gewesen ist.

Zunächst aber gilt es, das Eigengewicht und den Eigensinn dieses buchstäblichen *Versuchs* über die Gabe herauszustellen, der eine ethnografische Gabenweltreise und umgekehrte Ethnografie der europäischen Kultur zugleich darstellt. Den Ausgangspunkt der Einführung bildet daher eine eingehende Lektüre der Mauss'schen Abhandlung selbst, und zwar unter zwei systematischen Gesichtspunkten: Sie soll (1.) zeigen, dass es sich dabei um eine ambitionierte Sozial- und Kulturtheorie des Gabentausches handelt, die sich als Alternative zur klassischen politischen Philosophie einerseits und zur französischen Soziologie andererseits anbietet, indem sie die kulturellen Voraussetzungen und kulturellen Praktiken vor Augen führt, die Sozialität je von Neuem hervorbringen und unterhalten. Sie soll (2.) deutlich machen, dass es Mauss um den Entwurf einer »Theorie der allgemeinen Verpflichtung« geht, die eine »Genealogie« moralischer Imperative ausgehend von der »Kraft der gegebenen Sache selbst« und der Fremderfahrung der Gabe zu entwickeln sucht.

Unter der Hand springt dabei eine *ordinary culture theory* heraus, welche die eingangs gestellten Fragen beantworten kann.

*

Ein Buch über die Gabe ist selbst aus lauter Gaben gemacht. Für Zutrauen und Unterstützung, Zuspruch und Pfand danke ich von Herzen: Friedrich Balke, Kathrin Busch, Fred Girod,

Albrecht Koschorke, Susanne Lüdemann, Kirsten Mahlke, Ethel Matala de Mazza, Günther Ortmann, Leander Scholz, Erhard Schüttpelz, Bernhard Waldenfels, den Fellows des Kulturwissenschaftlichen Kollegs 2007/08 sowie dem Exzellenzcluster *Kulturelle Grundlagen von Integration*, beide an der Universität Konstanz.

Berlin, im Januar 2010

Von zentralen Gedanken, Begriffen und Formulierungen, die ich hier entwickele, wurde schon vor Erscheinen dieses Buches Gebrauch gemacht – ohne Hinweise auf die Quelle und ohne Autorisierung (siehe Moebius, »Die elementaren [Fremd-]Erfahrungen der Gabe«, in: *Berliner Journal für Soziologie* 1/[2009], S. 104-126). Ich nehme das als frühe Bestätigung. Zum Glück hat Stephan Moebius, dem mein Buchmanuskript seit Herbst 2008 vorlag, diese Unterlassung in einem Erratum (*Berliner Journal für Soziologie* 3/[2009], S. 493) ausdrücklich behoben.

II. Marcel Mauss: Sozialtheorie der Gabe, Gabentheorie der Kultur – Zum *Essay über die Gabe*

»Unsere Feste sind die Bewegung der Nadel,
die die Teile des Strohdachs zusammennäht, so daß sie
ein einziges Dach bilden, ein einziges Wort.«[1]

Der 1923/24 in der *Année Sociologique* erschienene *Essay über die Gabe* gehört zu den wohl bekanntesten und am wenigsten gelesenen Klassikern der Soziologie. Den Vorwurf einer allzu selektiven Lektüre kann man auch und gerade den berühmtesten Kritikern dieses Textes – Georges Bataille, Claude Lévi-Strauss, Jacques Derrida, Michel Serres – nicht ganz ersparen.[2] Generalisieren sie doch jeweils einen – und noch nicht einmal den entscheidenden – Aspekt des Essays, um damit diesem buchstäblichen *Versuch über die Gabe* mit einer Hand etwas zu entziehen, ohne ihm mit der anderen Hand das Gebührende zurückzugeben (FZ 99f.).

So hat Georges Bataille mit der Zurückweisung von Mauss' angeblicher Deutung der Gabe als einer interessengelenkten Tauschhandlung und über die Radikalisierung des Potlatch im Sinne der »Verausgabung« eine sakralsoziologische Theorie der »allgemeinen Ökonomie« des Universums entworfen, die die »beschränkte Ökonomie« (der pazifischen Gesellschaften) und damit Mauss' Text weit hinter sich lässt (VT 48 ff.).

Lévi-Strauss macht Mauss nicht nur den unberechtigten methodischen Vorwurf, einer eingeborenen Theorie auf den Leim gegangen und den okzidentalen Logos verraten zu haben; er besteht auch auf der Vorgängigkeit des Tausches als einer empirisch nicht beobachtbaren Totalität vor den diskreten Einzelverpflichtungen des Gebens, Nehmens und Erwiderns (EWM 30 f.). Damit bringt er die prekäre Asymmetrie und das riskante Ereignis der Gabe in einem immer schon vorausgesetzten, ja angeborenen Prinzip von Reziprozität (ESV 107 ff.) zum Verschwinden. Jacques Derrida wirft Mauss wiederum ganz zu Unrecht vor, den Tausch mit der Gabe verwechselt zu haben (FZ 54, 37, 149). Vom europäischen Standpunkt einer der Ökonomie strikt entgegengesetzten »reinen Gabe« tritt er unter Rückgriff auf Mauss' Fristbegriff in eine Auseinandersetzung mit Heideggers Frage nach der Zeitigung der Zeit ein (FZ 57 f.). Dabei macht er eine quasi-transzendentale Verbindung zwischen der Zeit der Gabe und der Gabe der Zeit geltend, die ganz entschieden nicht die Frage von Mauss gewesen ist.

Michel Serres schließlich trifft im *Essay über die Gabe* nur auf allseits Bekanntes, »das wir bereits von uns selbst wußten« (DJ 344). Er kappt jede Form des Austausches zugunsten eines einseitigen, exzessiven Nehmens und erklärt den Parasiten zum Stifter jeder neuen Kommunikationsordnung (DP 287).

Kurzum: Das Charakteristische des Mauss'schen Gabentausches wird bei Bataille durch eine exzessive Verausgabung, bei Lévi-Strauss durch den reziproken Tausch, bei Derrida durch die reine Gabe und bei Serres durch ein parasitäres Nehmen eskamotiert. Worin aber besteht die außerordentliche Modernität der soziologischen und kulturtheoretischen Implikationen dieses Textes, der die meisten seiner legendären Leser – womöglich aus

Überbietungsgründen im »Eigentumskrieg«[3] um das schlagende Argument – nicht oder nur unzureichend gerecht zu werden suchten?

1. Sozialtheorie der Gabe

In seinem *Essay über die Gabe* unternimmt Mauss mit den ethnografischen Untersuchungen von Malinowski, Boas, Hunt, Radcliff-Brown, Elsdon Best u.a. eine Art Gabenweltreise: Ausgehend von der eigenen Gesellschaft – genauer: im Ausgang von den grundlegenden europäischen Unterscheidungen zwischen Person und Sache, Gabe und Ökonomie, Freiwilligkeit und Zwang setzt er zu fremden Gestaden und Gesellschaften über, insbesondere zu denen der Pazifischen Inseln und der Nordwestküste von Kanada und Alaska. Dort stößt er freilich nicht auf das Fehlen, den privativen Mangel dieser europäischen Unterscheidungen als Symptom eines gewissermaßen prälogischen, undifferenzierten und primitiven Denkens im Sinne Lévy-Bruhls. Er trifft vielmehr auf die zusätzliche und, wie es zumindest auf den ersten Blick scheint, auf die in Europa weitgehend verloren gegangene pazifische Fähigkeit, diese Unterscheidungen zu bestimmten Zeiten und Anlässen mithilfe der Praktiken des Gabentausches außer Kraft zu setzen und zu konfundieren (DG 80). Von den zeitgenössischen »Gesellschaften am Rande des Pazifiks« (DG 94) kehrt Mauss nach Europa, allerdings zunächst in ein vergangenes Europa zurück: zum germanischen, hinduistischen und römischen Recht der zwölf Tafeln, um dort vergleichbare Institutionen des Gabentausches zu entdecken, Institutionen und rituelle Praktiken, die er – trotz ihrer vermeintlichen Randständigkeit, aber dank der Rückübertragung des pazifischen Gabentausches nach Europa und der terminologischen Ungeschiedenheit von Person und Sache namentlich im römischen *nexum* – schließlich selbst noch im zeitgenössischen Europa wiederzufinden vermag. Zwar haben diese den Charakter eines *fait social total* verloren, sofern sich die »Prestationen« nicht mehr »auf alle, auf alles und auf alle Momente«[4] zu erstrecken scheinen. Doch konnte sich etwa die zugleich öffentliche wie private Institution der Ehe den Charakter einer »totalen sozialen Tatsache« bewahren, bei der die Eheleute einander alles schulden, sich alles geben und »alles verdanken«, so dass in jedem einzelnen innerehelichen Gabentausch die ganze gebende Person, aber auch die ganze gegebene Sache auf dem Spiel steht. Das gilt auch und zumal für die westlichen Potlatchfeste wie Weihnachten, Nikolaus oder Halloween und für alle Feste familiären und öffentlichen Charakters: Geburtstage, »Kirchweihen, Hochzeiten, Erstkommunionen und Beerdigungen«, bei denen man nicht im Rückstand bleiben darf und sich selbst wenig begüterte Familien dazu genötigt sehen, sich, wo nicht »für ihre Gäste zu ruinieren« (DG123), so doch, sich ihnen gegenüber als außerordentlich freigebig zu erweisen.

Auch in Europa, kurz nach dem Ersten Weltkrieg, durchdringt diese Kultur und »Leidenschaft für die Gabe, die mit der rituellen Verpflichtung des Empfängers einhergeht, sie anzunehmen und zu erwidern« (ESV 110), bei aller Ausdifferenziertheit der Systeme von Ökonomie, Recht, Politik, Kunst, Religion usf. sämtliche Bereiche und noch die alltäglichsten Situationen, ja die unscheinbarsten und episodischsten Gelegenheiten des sozialen Lebens: So verlangt die Höflichkeit, dass man dem Tischgenossen Salz, Butter und Brot reicht, bevor man sich selbst davon bedient. »In den kleinen Gaststätten des französischen Südens«, erzählt etwa Lévi-Strauss, »wo der Wein im Preis der Mahlzeit eingeschlossen ist, findet jeder Gast vor seinem Teller eine kleine Flasche Wein« von zumeist schlechter Qualität. »Diese Flasche gleicht der des Nachbarn aufs Haar, so wie die Fleisch- und Gemüseportion, die eine Kellnerin der Reihe nach austeilt.« Anders als bei der Nahrungszuteilung, bei der jeder Gast eifersüchtig darauf bedacht ist, die gleiche Menge wie sein Nachbar zu erhalten, steht es indes um den Wein: »Die kleine Flasche mag gerade eben ein Glas enthalten, aber dieser Inhalt wird nicht ins eigene Glas geschenkt, sondern in das des Nachbarn.« Und dieser wird die Gabe alsbald durch eine entsprechende Geste erwidern. Was ökonomisch wie eine sinnlose Handlung erscheinen muss – schließlich erhält jeder genau den gleichen Stoff, den er zuvor an seinen Tischnachbarn abgetreten hat –, umreißt das Rätsel des Gabentausches (ESV 115 f.). Es verdichtet sich für Mauss in der Frage nach jenem »tiefgreifenden«, aber methodisch »isolierten Zug« (DG 13), nämlich dem »Zwang« zur Erwiderung, der den ganzen Einsatz seiner Untersuchung ausmacht: »Welches ist der Grundsatz des Rechts und des Interesses, der bewirkt, daß in den [...] archaischen Gesellschaften das empfangene Geschenk obligatorisch erwidert wird? Was liegt in der gegebenen Sache für eine Kraft, die bewirkt, daß der Empfänger sie erwidert?« (DG 13)

In seinem ausdrücklich am Entwurf einer »allgemeinen Theorie der Verpflichtung« (DG 26) interessierten *Versuch* über die Gabe will Mauss die Herkunftsmöglichkeit von moralischen und rechtlichen Imperativen »genealogisch« (DG 102) auf den Zwang zur Erwiderung zurückführen. Ganz offensichtlich ist die Gabe für Mauss eine immer schon gegebene und angenommene Gabe. Denn eine Gabe, die nicht die Kraft hätte, im Empfänger einen Zwang zur Erwiderung zu bewirken, wäre keine, oder besser: wäre eine missglückte Gabe, die ihren eigentümlichen Gabencharakter verfehlt hätte. Die Frage nach dem »Geist der gegebenen Sache selbst« (DG 23), die zur Erwiderung zwingt, führt Mauss mithilfe des »Maori-Juristen« (DG 25) Tamati Ranapiri auf die entscheidende Entdeckung, dass die Gaben »keine leblosen Sachen«, sondern beseelte, nicht selten individualisierte Dinge sind, denen die Neigung innewohnt, zu ihrem Ausgangsort zurückzukehren: Die im maorischen Gabensystem »durch die Sache geschaffene Bindung [ist] eine Seelenbindung [...], denn die Sache selbst hat eine Seele, ist Seele. Woraus folgt, daß jemand etwas geben soviel heißt, wie jemand etwas von sich selbst geben. [...] Es ist vollkommen logisch, daß man in einem solchen Ideensystem dem anderen zurückgeben muß, was in Wirklichkeit ein Teil seiner Natur und Substanz ist; denn etwas von jemand annehmen heißt, etwas von seinem geistigen Wesen, von seiner Seele annehmen. Es aufzubewahren wäre gefährlich und tödlich, und zwar nicht allein deshalb, weil es unerlaubt ist, sondern weil diese Sache – die nicht nur moralisch, sondern auch physisch und geistig von der anderen Person kommt –, [...] magische und religiöse Macht über den Empfänger hat.« (DG 26f.)

Die magische Behexung, will sagen: das *hau* und *mana* bei den Maori, die religiöse beziehungsweise mythologische Verpflichtung bei den Trobriandern und Kwakiutl oder der rechtliche Formalismus im römischen Recht sind aus Sicht von Mauss jedoch nicht der letzte Grund der Kraft der gegebenen Sache selbst, die zur exorzistischen Erwiderung zwingt. Die »magische Sanktion bleibt eine nur mögliche, und sie ist nur die Folge der Natur und des geistigen Charakters der gegebenen Sache« (DG 96), wie Mauss im Kontext seiner Diskussion des *nexum* und der zusätzlichen Pfänder gegen Paul Huvelin einwendet.[5]

Dies muss man im Übrigen gegenüber Lévi-Strauss und seinen Gefolgsleuten mit Nachdruck festhalten, die Mauss vorgeworfen haben, eine lokale Deutung der Erwiderungspflicht und maorische Magie zum »master-concept«[6] seines *Essays* gemacht zu haben. Denn offensichtlich handelt es sich für Mauss um magische, aber auch um religiöse oder rechtliche Inszenierungen, Ausgestaltungen und Übersetzungen einer obsessiven Fremderfahrung der Gabe, die von der Vermischung, der *mélange* von

Person und Sache im Akt der Übergabe selbst herrührt. *Mélange* ist allenthalben das Schlüssel- und Zauberwort, das das Rätsel der Gabe zu lösen verspricht – eine *mélange*, die den Text selbst zuweilen verrückt spielen, ihn zu einem Dickicht und Gestrüpp ohne Ausgang geraten lässt: Am Grund oder »im Grunde sind es Mischungen. Man mischt die Seelen unter die Dinge, man mischt die Dinge unter die Seelen. Man mischt die Leben und siehe da: jede der miteinander vermischten Personen und Sachen tritt aus ihrer Sphäre heraus und mischt sich von neuem: dies genau ist der Vertrag und der Austausch.« (DG 39)

Mélange bedeutet ausdrücklich nicht symbiotische Verschmelzung, sondern chiastische Vermischung von Sache und Person: »Person wird Sache, Sache wird Person«,[7] fremde Person wird eigene Person, fremde Sache wird eigene Sache und *vice versa*. Vor und außerhalb der Gebung gehört die Sache selbst untrennbar zur Person, sie macht ihr ganzes Renommee aus, verleiht ihr Titel, Ämter, Fähigkeiten, Prestige und Ansehen. Im Augenblick der Übergabe trennt und unterscheidet sich die Person von ihrer Sache, um auf diese Weise mit sich zu differieren und von sich selbst abzuweichen. Diese im Geben geschehende Separation von Person und Sache wird zugleich von deren Vermischung flankiert, die einer Personifizierung der Sache und einer Versachlichung der Person Vorschub leistet. Daraus »folgt, daß etwas geben soviel heißt, wie etwas von sich selbst zu geben« (DG 26), das heißt den prekären Verlust seiner selbst im Sinne einer Entseelung und Entkörperung, in jedem Fall nach Art einer »Ent-Aneignung«[8] zu erleiden. Wenn die gegebene Sache in den Händen ihres neuen Besitzers nicht damit aufhört, mit der gegebenen Person vermischt und ihr weiterhin zugehörig zu bleiben, dann hat der Empfänger mit der fremden Sache zugleich auch die fremde Person, ihre ganze soziale Substanz an sich genommen. Eine Gabe anzunehmen bedeutet demnach, im zeitweiligen Besitz der mit ihrer Sache vermischten Person, will sagen: von ihr besessen zu sein (DG 102). Der Gabenempfang ist das Widerfahrnis einer alterierenden Besessenheit durch den Geber, der dank der ihm weiterhin zugehörigen Sache eine obsessive Macht über den Empfänger ausübt und ihn so zur Erwiderung zwingt.

Dazu passt, dass man es bei der Übergabe und beim Empfang der Gabe stets mit leiblichen Entäußerungen und Inbesitznahmen zu tun hat, die auf regelrechte Gesten und Körpertechniken des Gebens und Nehmens verweisen: der Schlag auf das Hinterteil des zu übergebenen Viehs, das achtlose Niederwerfen der Gabe vor die Füße des überseeischen Kulapartners bei den Trobriandern, das eine performative Selbstverkleinerung der eigenen Gabe vollzieht; die Besitzergreifung bei Schenkung eines Grundstücks durch leibhaftes Niederlassen mit dem Stuhl auf dem Acker,[9] der Handschlag des Danks oder Übereinkommens. Mauss führt daher das französische Wort »prestation«, das im Deutschen nur unzureichend mit »Leistung« übersetzt ist, auf das lateinische »praestare«, »mettre en mains«,[10] »in die Hände nehmen« zurück. Es geht um die Handhabung, »Handthierung«[11] und Inhabung einer fremden Sache bzw. eines Fremdkörpers, den es nach einer bestimmten Frist weiterzureichen, zurückzugeben, wieder auszuhändigen oder aber mittels einer anderen Sache zu erwidern gilt.

Eine nicht nur abgeschwächte Vorstellung der *mélange* von Person und Sache hat zweifellos auch in unseren Geschenkpraktiken überlebt, die – abgesehen von den europäischen Potlatch- und Gabenfesten – weniger ritualisiert und kodifiziert anmuten, weitgehend eine intersubjektive, wenn nicht alltägliche Angelegenheit zwischen einzelnen Individuen und entkernten Familien im Bereich »primärer Sozialität« geworden sind und sich von den ökonomischen Transaktionen in Beziehungen instrumentellen oder gewinnorientierten Interesses im Feld »sekundärer Sozialität« gelöst zu haben scheinen.[12] Das ritualisierte, aber auch das ausdrückliche Alltagsgeschenk (namentlich zwischen Liebenden) ist etwas Überflüssiges und Unnötiges. Daher ist es auch heute noch anstößig, etwas zu schenken, das unmittelbar zum Leben gebraucht wird und sich durch seine Nützlichkeit empfiehlt; es sei denn, es geschieht – wie das Haushaltsgerät oder ein Batzen Geld zur Hochzeit – in der angemessenen Verkleidung (Geschenkpapier und Schleife, Kuvert oder Geld-Origami) oder – wie der Fresskorb und der Cashmerepullover – im Modus des Zuviel und auf der Grenze zum Luxuriösen, dessen also, was man sich selbst selten leistet oder niemals gönnt. Überflüssig sind Geschenke nicht zuletzt deshalb, weil sie entweder vergänglich und flüchtig oder aber von hohem Wert und die Zeit überdauernd sind: Das Parfum – reines Supplement – verfliegt, die Blumen verwelken, der Champagner ist im Laufe eines Abends ausgetrunken, die Luxusreise im Nu vorüber. Solche überflüssigen und durchaus kostspieligen Geschenke imponieren durch ihre rasche Sterblichkeit und erinnern an die Reichtümer, die beim Potlatch der Kwakiutl und Haida in Rauch aufgehen oder ins Meer geschüttet werden. Daneben gibt es die kostbaren Geschenke, die der Zerstörung durch die Zeit und der Abnutzung durch Gebrauch widerstehen und nicht zufällig lebenslange oder inter-generative Beziehungen innerhalb der Familie befestigen, weshalb sie vom Beschenkten, wenn überhaupt, nur in existenziellen Notfällen veräußert werden dürfen: »Kostbare Familienstücke – Talismane, mit Wappen verzierte Kupferplatten, Decken aus Leder oder gemusterte[r] Stoff«, bei den Kwakiutl und Tsimshian (DG 80) – Fotografien, Schmuck und andere Wertgegenstände bei uns. Geschenken haftet zweifellos der Charakter einer gewissen Zwecklosigkeit an, weshalb sie eine Familienähnlichkeit mit jenen ausschließlich schönen Dingen aufweisen, die die Erkenntnisvermögen in den »Zustand eines freien Spiels«[13] versetzen: Nicht selten sind es Gebrauchsdinge, die zu nichts gebraucht werden und sich der Dienlichkeit entziehen, im steten Übergang zum überbesetzten Fetisch und geschmacklosen Kitsch bzw. Abfall, den man nicht ohne Weiteres zu entsorgen oder boshafter Weise weiterzuverschenken wagt. Woher und woran rührt diese Reserve, Geschenke wie bloße Dinge zu behandeln und sich ihrer im Falle des Nichtgefallens auf kürzestem Wege zu entledigen? Warum ist es ein Affront, sie zurückzuweisen und nicht zumindest mit einem Dank zu erwidern? Die Bedeutung eines Dinges ist sein kultureller Gebrauch, der in rekursiven Schleifen stets beides ist: der Gebrauch der Dinge durch die Menschen und der Gebrauch der Menschen durch die Dinge. Sobald ein Ding aus den Händen eines Anderen in Empfang genommen worden, und das heißt durch einen performativen Akt, eine spezifische Aufmachung und ritualisierte Körpertechnik des Gebens (Reichen, Ausschenken, Darbieten, Hinterlassen) zum Geschenk erklärt worden ist, hat es die Linie vom bloßen Ding zur persönlichen Sache passiert und seine Klangfarbe gewechselt: Es ist und enthält mehr als ein Ding oder eine bloße Ware. Der Schenker ist darin auf eigentümliche Weise selbst gegenwärtig. Dieser Zuwachs an Persönlichem über das bloß Dingliche hinaus rührt daher, dass sich der Geber zugleich mit seiner Sache selbst gegeben hat, die nunmehr von ihm affiziert und durchdrungen ist. Nichts kann im Übrigen diese *mélange*, den ganzen und ungeteilten Eintritt der Person in ihre Sache, deutlicher zum Ausdruck bringen als der erste Schluck Nahrung: Was ist Muttermilch? Zweifellos ist sie nicht nur nährende Substanz und auf der Seite des Sachlichen, sondern eine mit der stillenden Person vermischte alimentäre Gabe. In der Gabe sind Person und Sache koextensiv. Kraft ihrer Gabe wird die Person noch etwas außerdem: eine affektiv besetzte Sache: Trifft es zu, dass jede Gabe eine Selbstgabe, dass die Gabe vom Geber nicht unabhängig ist, dann macht der Geber nicht nur die Erfahrung eines Selbstverlustes; er wird im Geben zugleich zu dieser seiner gegebenen Sache.

Die Art der Beziehung, die die Gabe zwischen Geber und Empfänger herstellt, ist eine dingliche Fremderfahrung des Anderen, der den Beschenkten über seine unmittelbare Anwesenheit hinaus durch seine Gabe affiziert. Der Andere begegnet nicht nur in seinen Gesten und Worten, mit seinen Symbolen und Zeichen, Gerüchen und Geräuschen, die er mehr oder minder absichtsvoll aussendet, sondern auch und zumal in den Dingen, die er darbietet, aushändigt oder hinterlässt. Sie gehen den Beschenkten an, gehen *an* ihn. Er ist damit gemeint und ausgezeichnet.

Die gebenden Personen, die beim pazifischen Gabentausch in Frage stehen, geben ihre Sachen indessen nicht oder besser: nicht nur im eigenen Namen, aus Eigennutz und Eigeninteresse. Als moralische beziehungsweise juristische Personen geben sie diese immer auch im Auftrag und als Repräsentanten der eigenen Gesellschaft, Körperschaft und Toten (DG 71). Die »moralische Person« personalisiert die Körperschaft, die sich wiederum in der und durch die gebende Person verkörpert (DG 15). Person ist nur derjenige, der durch entsprechende Initiationen (Masken-)Träger von Rechten, Pflichten, Ämtern, Privilegien, Fähigkeiten und Riten seiner eigenen Körperschaft (Familie, Phratrie, Clan, Bruderschaft, Haus, Geheimgesellschaft) geworden ist. Dabei handelt es sich um einen äußerst instabilen Status: Man kann beim Potlatch sein Gesicht, seine Maske, seinen Namen, kurzum: seinen Status als Person an die jeweils fremde Körperschaft und den fremden Tauschpartner verlieren (DG 72), und das kann durchaus heißen, wie im Falle des nordwestamerikanischen Potlatch vor dem Verbot der Stammeskriege seitens der kanadischen Regierung, in Sklaverei zu fallen oder aber getötet zu werden.

Mit seinen mehr oder minder ausgeprägten Zügen von Rivalität, Antagonismus und der Zerstörung der Reichtümer steht der Gabentausch auf der stets prekären Schwelle zwischen Krieg und Frieden. Er ist die pazifische Praxis der Pazifizierung durch die permanente »interpénetration«[14] der einander fremden Gesellschaften, die einander »alles schulden« (DG 59) und »alles geben«: »Höflichkeiten, Festgelage, Riten, militärische Dienste, Frauen, Kinder, Tänze, Jahrmärkte, wovon der Handel nur einen Moment und der Umlauf der Güter nur eine Seite eines weit allgemeineren und beständigeren Vertrages ist.« (DG 16)

Sozialität beziehungsweise Gesellschaft als Ganze steht dabei je von Neuem auf dem Spiel. Doch konstituiert sie sich nicht kraft ihrer eigenen Mechanismen, Transaktionen, Ressourcen, Fähigkeiten und Vermögen, auch nicht nach Art einer Selbstbesessenheit wie noch in der *effervescence*[15] von Durkheims Religionssoziologie, die die Geburt der Gesellschaft aus dem Taumel einer auto-soziozentrischen Ekstase ins Werk gesetzt sieht.[16]

Mauss' soziologischer Ausgangspunkt ist gerade nicht *die* Gesellschaft in der Emphase des Singulars. Die Konstitution von Gesellschaft macht vielmehr die Vorstellung von zwei komplementären Hälften erforderlich, die sich wie »die beiden Seiten einer Antithese, wie Schwarz und Weiß« oder »Land und Wasser«[17] gegenüberstehen. Gesellschaft ist nur möglich als duale Organisation, das heißt in der Differenz, in einem fortwährenden Sich-Unterscheiden und Unterschiedensein von einer je anderen Gesellschaft oder besser gesagt: in der exponierten Fremderfahrung dessen, was die eigene Gesellschaft jeweils nicht ist. Der Gabentausch ist die obsessive Fremderfahrung durch die je andere Gesellschaft.

Die klassischen theoretischen Konstruktionen des Sozialen gehen entweder von einem substanziellen Ganzen (der Gesellschaft, der Natur, dem Staat) oder aber von vereinzelten, atomaren Individuen (die selbst bereits für sich ein unteilbares Ganzes bilden), nicht aber von der Frage aus, was sich *zwischen* dem Einen und dem Anderen und den anderen Anderen als Zwischenfall, als Intersubjektivität, Interkulturalität, Interaktion und Interpassion ereignet. Der Eine kann überhaupt nur mit dem Anderen in Beziehung treten, weil er von diesem irreduzibel getrennt, nicht bereits mit ihm vereinigt (oder immer schon von Natur aus zur Vereinigung bestimmt) ist, und er tut dies, eben weil er keine abgeschlossene Totalität bildet, die sich selbst genug ist und sich daher nur widrigenfalls zum Zusammenschluss mit Anderen genötigt sieht.[18]

Gesellschaft ist nur möglich »zwischen Gesellschaften«.[19] Aus Sicht von Mauss ist es daher die eigentümliche Funktion des Gabentausches, eine Beziehung *zwischen* einander fremden Gesellschaften, Personen und Individuen zu stiften, und das heißt, einen Zwischenraum zu eröffnen, der die Gabenpartner chiastisch voneinander trennt und zugleich miteinander verbindet. Die Gabe ist die inter-subjektive, inter-generative, inter-kulturelle und inter-nationale Praxis des getrennten Zusammenlebens. Durch den Gabentausch werden keine nahtlosen und intimen Beziehungen gestiftet. Die Praktiken und Institutionen der Gabe setzen und unterhalten vielmehr eine »actio in distans«;[20] sie erzeugen eine Anziehungs- und Abstoßungskraft, die die Familien und Ehepartner, die Phratrien und »Clans zusammenschweißt und gleichzeitig voneinander trennt« (DG 132): »Man verbrüdert sich und bleibt einander doch fremd.« (DG 70) Mauss betont die Unaufhörlichkeit, mit der die Gaben obligatorisch gegeben und erwidert werden müssen und demonstriert damit die ungeheure Fragilität des Sozialen: Die Gaben zirkulieren ohne Unterlass; es gibt keine einzige Gelegenheit, wo man nicht zu geben hätte: »nach allen Richtungen hin werden Potlatch gegeben« (DG 62). Der Nachdruck, mit dem Mauss, den »Strom«, die »ununterbrochene Kette« (DG 84), das »ewige *Give and Take*« (DG 62) der Gaben und Feste bedenkt, unterstreicht, dass und wie sehr sich die Möglichkeit von Sozialität dem Gabentausch verdankt. Ohne derartige kulturelle Praktiken gäbe es überhaupt keine Bindung *par dis-*

tance, sondern nur ihr Gegenteil, die Indifferenz, die A-Sozialität, die Verbindungslosigkeit oder den Krieg. Anders gesagt: Sozialität liegt nicht einfach vor, ist nicht schlechterdings gegeben, sie hat nicht von sich aus eine »fortdauernde und stabile Existenz«,[21] sondern muss als Situation in jeder Situation durch kulturelle Gabepraktiken je von Neuem geschaffen und unterhalten werden. Für den ununterbrochenen Strom der Gaben, und das heißt für die unaufhörliche Bildung und Unterhaltung von Sozialität, gibt es indes keinerlei Garantien, schon gar nicht im Vertrauen auf ein unverbrüchliches Gesetz oder Prinzip der Reziprozität. Die Gabenkette kann im Gegenteil jederzeit reißen, und jede Gabe – nicht nur die übermäßige – kann aus Zufall, Absicht oder Vergesslichkeit unerwidert bleiben. Die Gabe ist prinzipiell unabzahlbar, aber der Möglichkeit nach erwiderbar. Daher steht die Gabe zwischen der reinen und einseitigen Gabe (wie das Almosengeben oder die Gnade), die keine Erwiderung zulässt, und der ökonomischen Transaktion, die mit der Bezahlung der erhaltenen Ware abgeschlossen ist und keine erneute Erwiderung erzwingt. Es ist die zeitliche Spanne und Spannung zwischen Gabe und Gegengabe, in der sich das Risiko der Nichterwiderung auftut. Und es ist die Unverhältnismäßigkeit, der Überschuss einer jeden Gabe gegenüber ihrem Empfang, der die Möglichkeit, die Schuld und den Zugzwang zu einer weiteren Erwiderung eröffnet. In zahlreichen Sprechakten der Dankbarkeit und Beschämung wird diese Unverhältnismäßigkeit, ja das Außerordentliche der Gabe zum Ausdruck gebracht: »Das war doch nicht nötig!« – »Das habe ich nicht verdient!« – »Wie kann ich das je wieder gutmachen?«

Die Gabe schafft weder Gleichheit, was die Personen, noch äquivalenten Ausgleich, was die Sachen betrifft. Sie stiftet vielmehr Asymmetrie zwischen Geber und Empfänger, vor allem aber soziale, moralische, ökonomische und politische Hierarchien und Rangordnungen zwischen den traditionellen Tauschpartnern, die sich beständig – nämlich von Gabe zu Gabe – neu verschieben. Wer seinen Reichtum mit vollen Händen ausgibt, verschenkt oder zerstört, genießt hohes Ansehen, ist aber auch ärmer als der Empfänger, der nunmehr im Besitz des begehrten Gegenstandes ist und unter der Nötigung steht, sich nach einer gewissen Frist für das Empfangene zu revanchieren und es mit einer Gegengabe zu überbieten, wenn er in den Ruf eines freigebigen Gebers gelangen, in der Hierarchie nicht absteigen und nicht dauerhaft gedemütigt sein will. Die Inkommensurabilität der Gabe, die durch sie gestiftete Asymmetrie, Hierarchie, Rangordnung, Ungleichheit – auch die des Eigentums – bilden das Arsenal für die stets prekäre Fortsetzung der Gabenkette, für das labile Hin und Her der Gaben zwischen den einander fremden Personen, Individuen und Gesellschaften.

2. Gabentheorie der Kultur

Die Gabe ist ein *fait social total*, das alle und alles involviert. Daher steht mit der Gabe eine Gesellschaft als Ganze, in ihrer Totalität auf dem Spiel. Eine der entscheidenden soziologischen Pointen der »totalen sozialen Tatsache« besteht in der Einsicht, dass eine Gesellschaft, Körperschaft, Gruppe oder Person nur dadurch »ganz« beziehungsweise »total« wird, dass sie unter einem exterioren Gabenzwang steht und dieser Verpflichtung zur Gabe gegenüber einer ihr fremden Gesellschaft, Gruppe oder Person nachkommt. Sie kommt nicht zu sich, solange sie sich auf sich selbst wie auf einen stets hinreichenden Grund stützt und in erster Linie sich selbst – rechtlich, ökonomisch, politisch usf. – verpflichtet bleibt. Sie gewinnt vielmehr nur in dem Maße eine Art Identität (und gewinnt sie daher nie in einem totalen, abgeschlossenen Sinne), wie sie dem Imperativ des Gebens folgt, sich der Fremderfahrung der Gabe, Freigebigkeit und Gastfreundschaft aussetzt und so mit sich selbst differiert. Anders gesagt: bewirkt oder konstituiert die je fremde Sozialität die immer exteriore »Totalität« der je eigenen Gesellschaft, die dieser »alles«, auch und gerade sich selbst verdankt.

Als *fait social total* sind im Gabentausch nicht nur immer zugleich rechtliche, religiöse, ökonomische, medizinische, sexuelle, imaginäre, symbolische, ästhetische Dispositive involviert, die sich wechselseitig verstärken, verdrängen oder aber abschwächen können; darüber hinaus eignet sich auch »alles« zur Gabe – Nahrung, Textilien, Witze, Mythen, Feste, Schmähungen, Riten, heiratsfähige Frauen, Heilgesänge, Ämter, Titel usf. –, alles kann gegeben werden, genauer gesagt: alles das, was kulturell und nicht natürlich ist. Dies ist die Scharnierstelle, an der die soziologische Perspektive in eine kulturtheoretische umschlägt, an der sich das *fait social total* in ein *fait de civilisation* verwandelt. Gaben sind ohne Frage »Reise«- und Transmissionsphänomene, die nicht auf Dauer an einem festen Ort residieren, sondern zur Weitergabe bestimmt sind. Das genau macht ihren Gabencharakter aus, dass sie nämlich nicht dauerhaft in Besitz genommen, immobilisiert, angeeignet und zu (Privat-)Eigentum gemacht werden können. Im Ereignis der rituell flankierten Übergabe passieren sie vielmehr die Grenze von hier nach dort, binden sie unterschiedliche Gesellschaften beziehungsweise Körperschaften und lokale Kulturen aneinander, die sich kraft des Gabentausches gegenseitig durchdringen und so eine »hybride« *mélange* eingehen. Auch wenn Mauss selbst nicht das Wort »Kultur«, sondern stattdessen das der »Zivilisation« verwendet, so darf man im Ausgang von der *Gabe*-Abhandlung festhalten, dass sein Begriff der »Zivilisation« beziehungsweise unser Begriff der Kultur nicht von der Geschlossenheit, sondern von der Durchlässigkeit, Verschiedenheit und Vielfalt der Kulturen getragen ist.

Wie lässt sich mit Mauss das spezifisch Kulturelle der Kultur ausgehend von der Vielheit, Verschiedenheit und Durchlässigkeit der Kulturen denken? Für die Beantwortung dieser Frage kommt seinem Entwurf *Die Techniken des Körpers* eine Schlüsselrolle zu. Dieser 1935 erschienene Vortrag muss zu den Gründungsurkunden der Kulturwissenschaft gezählt werden.[22] Mit den Körpertechniken schlägt Mauss ein Thema an, das weder in den etablierten Geistes- und Humanwissenschaften noch auch in den Naturwissenschaften einen angestammten Ort zu finden vermochte. Es sind vor allem solche konzeptlosen Fragen, für die sich niemand zuständig fühlt und die durch das Raster disziplinärer Zugriffe fallen, welche die eigentlich kulturwissenschaftlichen Entdeckungen zu machen erlauben. In den undeutlich abgegrenzten Bezirken zwischen den Natur- und Geisteswissenschaften, dort nämlich, »wo die Professoren sich gegenseitig aufessen«, tun sich für Mauss gerade die »dringlichen Probleme« auf (TK 199).

Als im kulturwissenschaftlichen Sinne einschlägig kann nicht zuletzt auch sein autobiografisch-ethnografischer Zugang zum Phänomen der Körpertechniken angesehen werden, der sich schließlich zu einer Medientheorie und Theorie der Zivilisation hin verbreitert: »Krank in New York« und zur Untätigkeit gezwungen, bleibt Mauss im Hospital, nach eigener Erzählung, nichts anderes zu tun übrig, als den Gang der ihn pflegenden Krankenschwestern zu beobachten und darüber nachzudenken, aus welchem Grund ihm dieser so bekannt vorkommt. Die eigene Immobilität sollte ihm eine doppelte »Erleuchtung« (TK 203) hinsichtlich der Körpertechnik des Gehens erlauben: Die eine führt ihn auf das Kino und die Erinnerung daran, die Gangart der Krankenschwester in irgendeinem amerikanischen Streifen schon einmal gesehen zu haben; die andere überkommt ihn, als er – nach Paris zurückgekehrt – den Gang der New Yorkerinnen bei den jungen Pariserinnen wiederentdeckt. Schließlich löst die Erkenntnis, dass

»die amerikanische Gangart durch das Kino bei uns verbreitet« (TK 203) worden sein muss, eine ganze Reihe von Erkenntnissen über die kulturelle Trag- und Reichweite von Körpertechniken und über das Verhältnis von Natur und Kultur aus:

(1) Das, was innerhalb einer Kultur als vollkommen »natürlich« erscheint, etwa die Art und Weise (der »Modus« [TK 209]), in der in einer Kultur jeweils gegessen, geschlafen, geschwommen, geatmet oder aber geboren wird, zeigt sich in seiner ganzen Künstlichkeit, Arbitrarität und kulturellen Verfasstheit erst im Zuge der Fremderfahrung einer anderen Kultur. Jede Kultur hat ihre eigenen Körpertechniken, und sehr wahrscheinlich sind die auffälligsten Differenzen zwischen den Kulturen nicht so sehr im Bereich der sogenannten Hochkultur zu finden als vielmehr in den »[aller]nächsten Dingen, zum Beispiel Essen, Wohnen, Sich-Kleiden, Verkehren«.[23] Eben weil sich Menschen unterschiedlicher Kulturen vor allem bei den praktischen Verrichtungen des alltäglichen Lebens auf so unterschiedliche Weise ihres Körpers bedienen, kann das Körperliche nichts ausschließlich Natürliches, sondern muss in erster Linie ein erlernter, erworbener und tradierter »Habitus« sein. Innerhalb einer Kultur geschieht die Habitualisierung der Körpertechniken auf dem Wege expliziter wie impliziter Erziehung. Deren Wirksamkeit beruht für Mauss auf dem Einsatz von Autorität, Prestige und exteriorem Zwang seitens des Erwachsenen und auf Seiten des Kindes (beziehungsweise Erwachsenen etwa im Kino), auf der mimetischen Übernahme solchen körperlichen Verhaltens, »das von anderen mit ihm oder vor ihm praktiziert wird«. Der gleichermaßen von außen und »von oben vorgegebene« (TK 203) militärische Drill wäre dann nur eine besonders explizite und einschneidende Form der »Dressur« (TK 208 f., 201) bei der Weitergabe einer Körpertechnik namens Marschieren oder Exerzieren. Nicht zuletzt wegen ihrer praktischen Unausweichlichkeit erfüllen die Körpertechniken die An-

forderungen eines *fait social*. Die körperlichen »Habitus« werden von Generation zu Generation übergeben und individuell variiert. Sie zirkulieren aber nicht nur auf der geschichtlichen Achse der Intergenerativität, sondern auch auf der gegenwärtigen Achse interkultureller Zeitgenossenschaft. Daher kann der Körper in den Augen von Mauss als »das erste und natürlichste technische Objekt« (TK 206) und zugleich als das erste technische Medium des Menschen angesehen werden.

(2) Die mimetische Übernahme und Inkorporation der Körpertechniken geschieht zweifellos auch zwischen den verschiedenen Kulturen. Diese werden weitergetragen und weitergegeben durch Reisende, Angeheiratete, Eingebürgerte, Asylanten, Gastarbeiter usw. Derjenige, der eine Körpertechnik (unwillkürlich oder willkürlich) praktiziert, symbolisiert und kommuniziert, fungiert zugleich als medialer Träger und kultureller Emissär eben dieser Körpertechnik. Dank der neuen technischen Medien sind die Übertragungs- und Aneignungsmöglichkeiten von Körpertechniken freilich nicht mehr an konkrete Personen und ihre besonderen Verkehrs- und Reisewege gebunden. In dem weltweiten Gabentausch von Künsten und Körpertechniken spielen Kinematographie, Phonographie, Radiotelephonie und Photographie eine besondere Rolle als Transport- beziehungsweise Transfermedien. Beschleunigen und »intensivieren« sie doch deren internationalisierende Zirkulation und machen zugleich deren mimetische Einverleibung und Kommunikation unabhängig von dem orts- und zeitgebundenen Prozess persönlicher Dressur.[24]

Für Mauss sind sowohl die Körpertechniken als auch die medialen Techniken aus mindestens zwei Gründen extra- und internationale *faits de civilisation*:[25] Zum einen verdanken sich ihre Erfindungen niemals nur einer einzigen Kultur (Mauss sagt: »Nation«), sondern sie sind immer schon Effekt, Resultat und Produkt interkultureller (»internationaler«) Wechselwirkungen, Übertragungen, Entlehnungen und Tauschprozesse, auf die keine Kultur exklusive Besitzansprüche anmelden kann. Zum anderen gehören die Techniken, die Trance- und Heiltechniken ebenso wie »die Mythen, Erzählungen, das Geld, der Handel, die schönen Künste, die Sprachen, [...] wissenschaftlichen Erkenntnisse, die literarischen Formen«[26] zu jenen grenzüberschreitenden Phänomenen, die zur »Migration«, zur »Mobilität«, kurz: zur Welt-»Reise« bestimmt sind und damit der Stiftung interkultureller »Kommunikation« und internationaler Verbindungen Vorschub leisten. Man muss es wohl zunächst einmal derart tautologisch formulieren: *faits de civilisation* sind Gabenphänomene (beziehungsweise *faits sociaux totales*), und Gabenphänomene sind *faits de civilisation*. Anders gesagt: Alles das, was von Mund zu Mund, von Hand zu Hand, von Gesicht zu Gesicht, von Körper zu Körper oder auf anderen Verkehrs- und medialen Übertragungswegen intra- wie interkulturell weitergegeben und kommuniziert werden kann, ist eine Gabe und zugleich eine Tatsache der Kultur.

Mauss' Theorie der Zivilisation legt es nahe, das Kulturelle eines jeden kulturellen Phänomens im Ausgang von der Gabe, genauer: von der Weitergabe aus zu denken. Die Vielfalt und Verschiedenheit der Kulturen rühren daher, dass die *faits de civilisation* weitergegeben werden. Die Gabe ermöglicht so eine Verallgemeinerung dessen, was sich für jedes bestimmte kulturelle Phänomen als zutreffend erweisen könnte und die Offenheit, Durchlässigkeit, Fragilität, Diversifikation und Differenzialität jeder existierenden Kultur zu denken erlaubt: Nur dasjenige, was gegeben, genommen und erwidert, was übergeben, übertragen, wieder-, weiter- und fortgegeben werden kann, ist kulturell und nicht natürlich. Diese Definition schließt nicht nur eine Kultur des Natürlichen, der Natur und des Tieres ein, sie verbietet auch, das Kulturelle als die Weitergabe von etwas bereits Vorhandenem oder schon Gegebenem zu denken, das vom Prozess, Ereignis oder Akt seiner Gebung unberührt bliebe. Kulturelle Phänomene sind das, was sie sind und sein können, nur als transitorische, das heißt, sie existieren nur in den Serien, Versionen und Brüchen ihrer Weitergaben, Annahmen und Erwiderungen und sind damit einer beständigen Dynamik der Abweichung, Veränderung, Aneignung, Interpretation und Verwendung ausgesetzt, die den Gebern, Nehmern, Erwidernden und medialen Techniken ihren je besonderen Platz und ihre virulente Rolle zuweisen – was Stil, Habitus, Ästhetik, Willkür, Fehlleistung sowohl im Falle impliziter beziehungsweise unbewusster Weitergaben als auch im Falle expliziter Gaben betrifft. Wenn kulturelle Tatsachen im Gabentausch verschiedene Kulturen passieren, auf unterschiedliche Weise in Dienst genommen, in frühere Praktiken und Traditionen integriert, transformiert und je anders verstanden werden, dann ist man mit Wittgenstein versucht zu sagen: Das Kulturelle der Kultur ist jeweils der besondere Gebrauch der Gaben, die auf ihren *rites de passage* und Reiserouten interkulturelle, nicht aber transkulturelle Bedeutungen annehmen können.

(3) Schließlich sollte man die politischen Implikationen der Mauss'schen Theorie der Zivilisation nicht unterschlagen. Körpertechniken, bildende Künste und technische Medien sind Phänomene der kulturellen »Permeabilität«[27] und des Gabentausches *par excellence*. Sie stellen damit die Möglichkeit eines Kulturholismus, das heißt der Lokalisier- und Begrenzbarkeit von Kulturen überhaupt, in Abrede. Die Identifizierung einer Körpertechnik, einer technischen Erfindung oder aber Kunst *als* eigene oder fremde, als asiatische, europäische oder afrikanische wäre demgegenüber bereits Effekt eines zeitweiligen »Gabenstillstandes« (FZ 37), einer Immobilisierung, einer kulturell-politischen Aneignung und nationalistischen »Illusion«,[28] die durchaus Aussicht darauf hat, unter gewissen Umständen wieder destabilisiert zu werden. In *Les civilisations. Éléments et formes* wendet sich Marcel

Mauss nachdrücklich gegen das seit dem 19. Jahrhundert gebräuchliche Konzept der Zivilisation:[29] Handelt es sich bei den »Phänomenen der Zivilisationen« stets um »internationale« beziehungsweise »extranationale Tatsachen«,[30] dann steht jeder Versuch einer Zivilisation, sich zu isolieren, den beständigen Kontakten, Wechselwirkungen und Austauschprozessen zwischen den Zivilisationen zu entziehen und, wie die europäische, zur ›Zivilisation schlechthin‹ zu erheben, in der unvermeidlichen Drohung ihres Umschlags in die Unzivilisation.[31]

Dass die Verneinung der Pluralität und Andersheit der Zivilisationen geradewegs in deren kriegerische Vernichtung führt, ist für Mauss freilich kein Hinderungsgrund, die Möglichkeit *einer* zukünftigen Welt-»Zivilisation« ins Auge zu fassen, deren Konstitution er an internationale, die Barrieren der Nationalstaatlichkeit immer schon durchbrechende »Tatsachen der Zivilisationen« orientiert. Muss man in diesem Projekt eine beharrliche Weiterentwicklung der *Pax Kantiana* im Gefolge des Völkerbundes von 1919 erkennen, so unterscheiden sich beide Friedensentwürfe jedoch darin, dass Mauss nicht so sehr auf eine rechtliche Instituierung des ewigen Friedens setzt, die auf den einseitigen rechtsphilosophischen Prinzipien einer universalistisch und kosmopolitisch maskierten, aber stets europäischen Vernunft beruht. Er legt vielmehr Wert darauf, die Möglichkeit der Realisierung einer friedlichen Welt-»Zivilisation« am Beispiel der medialen Techniken und Körpertechniken greifbar werden zu lassen, die der Stiftung internationaler Bindungen und interkultureller Verbindlichkeiten Vorschub leisten. Als vollkommen neue »Formen der Kommunikation« stehen die technischen Medien (Kinematographie, Phonographie und Radiotelephonie) für Mauss im pazifizierenden Zeichen einer Welt-»Zivilisation«, die bereits auf dem Niveau der Affekte, des Körpers, Habitus und seiner Techniken einsetzt: Sollte sich das Kino nicht damit begnügen, die Erscheinungsformen der westlichen Zivilisation um die Welt zu schicken, sondern umgekehrt auch die pazifische oder afrikanische Zivilisation in den Westen einzuführen, dann werden nicht nur die Französinnen die Gangart amerikanischer Schauspielerinnen nachahmen; ebenso gut wird denkbar, dass die Europäerinnen die Manieren und die Haltung der Maori-Frauen annehmen oder afrikanische Besessenheitstänze Eingang finden ins klassische Ballett.

Mauss' Konzept einer Welt-Zivilisation hat jedoch nicht etwa die sukzessive Tilgung kultureller Differenzen und die Stiftung einer globalen Monokultur unter der Vorherrschaft des Westens im Sinn. Seine Überlegungen lassen sich vielmehr in der Weise aktualisieren, dass dabei jeweils eine chinesische, afrikanische oder französische Interpretation der Moderne auf dem Spiel steht, deren historisch je schon internationale und interkulturelle Herkunft aus ständigen kulturellen Gabentäuschen und Interaktionsprozessen kaum bezweifelt werden kann. Nicht zufällig verdanken wir Mauss den Begriff der »Hybridität« (DG 131). Sowenig wie die mimetische Aneignung der Körpertechniken die abbildlich genaue Übernahme eines kulturellen Habitus darstellt, sondern sich vielmehr im Spielraum einer individuellen Ausgestaltung im Sinne seiner »Variation« (TK 203) oder besser: Abweichung ereignet, sowenig steht die strikte Imitation einer Kultur durch eine andere zu erwarten. Die fortwährenden Vermischungen der Kulturen auf dem Niveau der *faits de civilisations* erbringen nicht nur Angleichungen, Familienähnlichkeiten und Überschneidungen, sondern befördern zumindest ebenso sehr voneinander abweichende und differente kulturelle Ausgestaltungen in der Übernahme und Weitergabe dieser zahllosen »Reise«-Phänomene. Mauss hat mit seiner Theorie der Zivilisation zweifellos einen neuen Zugang zum Problem der Kultur gefunden, deren entscheidender Agent im Gabentausch als dem stetigen Prozess der Veränderung kultureller Phänomene im modalen Kontext ihrer Verwendungs-, Gebrauchs- und Interpretationsweisen besteht.

III. Georges Bataille: Opfergewalt, Potlatch und exzessive Verausgabung

»Die Zerstörung beunruhigt zutiefst und reinigt so die Souveränität selbst.«[32]

Batailles Theorie der Verausgabung und sein Konzept der allgemeinen Ökonomie gehen erklärtermaßen auf Marcel Mauss' »meisterhaften« *Essay über die Gabe* und dessen Analyse des nordwestamerikanischen Potlatch zurück (VT 99f.). Im Potlatch will Bataille jedoch nicht das Gefüge der kulturellen Praktiken des Gebens, Nehmens und Erwiderns wiederfinden, nicht einmal in erster Linie die fremdkulturelle Ausgestaltung eines ostentativen Konsums und einer »archaischen Luxusindustrie« (VT 109), die, wie noch Mauss hoffte, für den europäischen Kapitalismus beispielhaft werden könnte. Was Bataille im Potlatch vor allem anzutreffen hofft, folgt der Spur einer Faszination durch die Grausamkeit des blutigen Opfers, das für immer einer untergegangenen Welt und Gemeinschaft anzugehören scheint. Bataille weiß, dass der Schrecken des Opfers für die heutige Welt unwiederbringlich verloren ist, nicht ohne sich unaufhörlich nach der Souveränität gewalttätiger Opferhandlungen zu sehnen und mimetische Ersatzformen der Zerstörung heraufzubeschwören, die, wie *Die Kunst, Ausübung von Grausamkeit*,[33] der irreduziblen Trennung der Menschen und aller übrigen Lebewesen in der unblutigen Simulation des Todes für die Dauer eines intimen Augenblicks ein Ende bereiten könnten:[34] Bataille weiß, dass er die Menschenopfer der Azteken und der antiken Welt, selbst das blutige Voudou-Opfer und die zeitgenössische chinesische *Folter der hundert Teile* als explosive Praktiken souveräner Verausgabung aufgrund ihrer radikalen Unzugänglichkeit und Fremdheit verloren geben muss. Er weiß, dass er die Opfer wegen ihrer äußersten Gewalttätigkeit preisgeben und verurteilen, den nostalgischen »Ruf nach ihrer Wiederkehr« und das sadistische Begehren nach Einswerdung im Schrecken der Massaker zum Schweigen bringen muss. Doch trotz dieser Unmöglichkeit, das Opfer – heute – zu rechtfertigen und wieder zu beleben, bleibt Bataille im Widerstand gegen die Instrumentalität und die utilitaristische Ordnung der Dinge auf das Opfer gespannt – auf das interesselose Selbstopfer, die rückkehrlose Vernichtung der Objekte und die mimetische Darstellung der Opfergewalt; will es ihm weder in *Der verfemte Teil* noch in *Der Begriff der Verausgabung* noch auch anderswo gelingen, das Opfer zu opfern. So spinnt er ein Band der Kontinuität zwischen den alten, gewalttätigen Opfern und den unproduktiven Verausgabungen der Gegenwart – Potlatch, Luxus, Erotik, Künste,[35] Rausch –, um mit ihnen die verblichenen und verwüsteten Zeichen einer religiösen Erfahrung ohne Religion erneut heillos zum Strahlen zu bringen: »das Opfer [...] ist die religiöse Erfahrung par excellence«.[36] Was Bataille im *Essay über die Gabe* sucht, ist daher der reine Verlust und die Zerstörung der Reichtümer, jenes Ideal eines ruinösen Potlatch also, »der nicht erwidert werden kann« (VT 102). Genauer: Er sucht alles das, was den Potlatch – in seinen Augen – zu einer »komplementären Form« der Institution des Opfers macht (VT 108). Dabei handelt es sich um ein Opfer, das es in der von Bataille erfundenen Gestalt zweifellos niemals gegeben hat. Seine antiethnografische Interpretation und Kritik des Potlatch, seine Verschwendungs- und Ökonomietheorie stehen damit nicht nur quer zur Gaben- und Opfertheorie von Mauss; sie bleiben auch in einem spezifischen Opferdispositiv befangen, das es zunächst einmal in seiner eigentümlichen metaphysisch-christlichen Fassung zu konturieren gilt, bevor der Potlatch in seiner kolonialen Transformation und Batailles spezifische Lesart des Potlatch skizziert sowie schließlich die Frage nach den möglichen kulturtheoretischen Implikationen seines Konzepts der allgemeinen Ökonomie aufgeworfen werden kann.

1. Das Opfer, Ausübung von Grausamkeit

Bataille will Blut sehen. Überall, nicht nur in den unzugänglichen Winkeln, sondern selbst in den offensichtlichen Passagen seiner Schriften findet sich eine verstörende Verherrlichung von Gewalt, kaum gebändigt durch den zweideutigen Schrecken, den sie selbst ihm einflößt. In *Die Tränen des Eros* macht Bataille seine Leser zu Zeugen dieser äußersten Anziehungskraft, die die Kultur der Gewalt auf ihn ausübt. Er präsentiert dort die Fotografie des am 25. März 1905 durch den chinesischen Kaiser zum langsamen Tod durch Zerstückelung Verurteilten Fu-Tschu-Li, dem im Augenblick der vollstreckten Folter die Haare zu Berge stehen und der mit verdrehten Augen blicklos in den Himmel schaut: »Dieses Bild hat in meinem Leben eine ausschlaggebende Rolle gespielt: Dokument eines zugleich ekstatischen (?) und unerträglichen Schmerzes, ist es mir nicht mehr aus dem Sinn gekommen. Ich denke, daß Sade, der von einer solchen Folter träumte, aber keine Gelegenheit hatte, an einer wirklichen teilzunehmen, großen Gewinn aus der Abbildung gezogen hätte.«[37] Die Differenz oder der Bruch zwischen wirklicher und mimetisch abgebildeter Foltergewalt fällt, zumindest für den Betrachter, kaum ins Gewicht, sofern sie nur ein Grauen zu erregen vermag, das, jedenfalls bei Bataille selbst, im »Gewinn« der Ekstase mündet (was den Gefolterten angeht, so ist sich Bataille, wie das Fragezeichen signalisiert, im Hinblick auf die Ekstase nicht ganz sicher). Das operative Bild der Folter wirkt, indem es sich an die Stelle der realen Folter setzt, indem es die Folter im Betrachter auf dem Wege mimetischer Identifizierung weiterwirken und ihn so auf unblutige Weise an einer Welt des Grauens partizipieren lässt, von der er sonst ausgeschlossen bliebe. Paradoxerweise ermöglicht die mimetische Identifizierung mit dem bloßen Bild – sei es nun die »Malerei des Schreckens«[38] oder aber eine Fotografie der Folter – eine wirkliche Teilhabe an der Opfergewalt: »Diese Gewalt – und ich kann mir noch heute keine irrsinnigere, grauenhaftere Gewalt vorstellen – erschütterte mich dermaßen, daß ich eine Ekstase erlebte.«[39]

Bataille kostet und stellt sein ambigues Erlebnis freilich nicht nur literarisch aus, sondern zieht daraus auch weitreichende Schlüsse, wenn er im Folgenden die religiöse Ekstase in einem »schrecklichen Einverständnis«[40] mit der sadistischen Erotik kurzschließt, alsdann eine Identität zwischen dem Grauenerregenden und der Religion, dem Uneingestehbarsten und dem Erhabensten schlechthin, behauptet und schließlich die Religion durchgängig auf das Opfer gegründet sieht. Und nun gar die Wahrheit der Erotik – sie erschließe sich nur in der mit der Opfergewalt einhergehenden religiösen Erotik.[41] Welche (vermeintliche) Wahrheit aber exponiert die Gewalt des religiösen Opfers?

In seiner zwischen März und Mai 1948 geschriebenen und posthum publizierten *Theorie der Religion* zieht Bataille eine Trennungslinie zwischen Töten und Opfern: »Opfern heißt nicht töten, sondern preisgeben und geben«, um diese Linie jedoch sogleich wieder zu verwischen und dem gewalttätigen Opfer eine ungleich stärkere Illustrationskraft als der Opfergabe zuzugestehen: »Das Töten stellt nur einen tieferen Sinn klar heraus.« (ThdR

43) Einige Jahre zuvor, in *Der Verfemte Teil*, lässt Batailles Entschlossenheit, der Gewalt ihren opferrituellen Lauf zu lassen, an Deutlichkeit nichts zu wünschen übrig: »Das Opfer ist die Glut, in der die Intimität derer, die das System der gemeinsamen Werke bilden, sich wiederfindet. Die Gewalt ist sein Prinzip.« (VT 90)[42]

Das gewalttätige Opfer, wie Bataille es erfindet, ist dazu bestimmt, sich »auf der Höhe des Schlimmsten« in seinen zeitgenössischen Supplementen auf unblutige Weise zu wiederholen.[43] Es stellt eine reservelose Rückgabe der in der profanen Welt vernutzten und dienstbar gemachten Dinge an die heilige Sphäre dar. Was den Übergang der nützlichen und auf ihre bloße Servilität reduzierten Dinge in die Welt des Heiligen sichert, ist ihre »gewaltsame Verzehrung«, die sie selbst noch ihrer Dinglichkeit entreißt (VT 90). »Der genaue Sinn des Opfers ist, das zu opfern, *was zu etwas dient*« (ThdR 44); Pflanzen und Tiere ebenso wie Könige, Kinder, Fremde oder Sklaven (VT 91), die in der profanen Welt des Nutzens und der Produktion unterschiedslos zu servilen Dingen herabgewürdigt werden und dabei selbst noch denjenigen, der sich ihrer schadlos bedient, zum Ding oder zur Ware degradieren: Denn »niemand kann«, so dialektisiert Bataille die Beziehung von Herr und Knecht, »sein anderes Selbst, das der Sklave ja ist, zu einem *Ding* machen [...], ohne sich selbst die Grenzen eines *Dinges* zu geben« (VT 86). Die Dinge und verdinglichten Lebewesen können nur dadurch der utilitaristischen Ordnung (der Arbeit, Werke, Werkzeuge, Dienstleistungen, Waren, Güter und Produkte) entrissen und wieder »souverän« (VT 166) gemacht werden, dass sie für jeden profanen Gebrauch unbrauchbar und zwecklos gemacht werden. Die unvernünftige Zerstörung der Dinge und die gewaltsame Tötung der Sklaven, die den voneinander getrennten Gegenständen und Lebewesen ihre »verlorene Intimität« (VT 167) zurückerstatten sollen, verhindern, dass diese jemals wieder der realen Welt der Nützlichkeit zugeführt werden können. Kurz, die Dinge und Lebewesen können nur dadurch gerettet werden, dass sie gewaltsam zerstört werden – genauer: dass aus ihrem Kreis ein repräsentativer und »verfemter Teil« vernichtet wird. Bataille spricht der Opfergewalt eine »tödliche Ansteckungsgefahr« zu, insofern diese dazu tendiert, den rituellen Bezirk des Opfers zu verlassen und sich schrankenlos auf die Teilnehmer der Opfergesellschaft auszubreiten (VT 89). Der Opferritus hat freilich für Bataille die Funktion, die Entfesselung der Gewalt zu verhindern, damit diejenigen, die das Opfer darbringen, vor ihr bewahrt bleiben. Die Teilnahme am Opfer verlangt demnach kein Selbstopfer, nicht die reservelose Darbringung und Verschwendung des eigenen Lebens. Sie erfordert vielmehr die »intime Partizipation des Opfernden an dem Geopferten« (VT 86) durch mimetische Identifizierung mit dem Schauspiel des gewaltsam Getöteten (ThdR 45) sowie den Genuss einer augenblicklichen An- und Entaneignung des Todes.[44] Dass Bataille bereits das Opfer, zumindest hinsichtlich der Zuschauerposition, zum dramatischen Kunstwerk stilisiert,[45] bereitet den Weg, auf dem das Opfer selbst durch die zeitgenössische Kunst (Literatur, Theater, Malerei, Poesie als »Schöpfung durch Verlust«)[46] sublimiert werden kann.[47] Die Kunst bleibt so einer Logik unterworfen, der sie »nur zu gut« zu entsprechen scheint: Über eine fingierte *mimesis* (Nachahmung) eine tatsächliche *methexis* (Teilhabe) am Schrecken der Gewalt zu eröffnen[48] und die Wiederkehr der durch das Opfer wiederhergestellten Intimität auch für die kapitalistische »Heilsökonomie«[49] der Gegenwart wahrscheinlich zu machen. Es handelt sich freilich um eine Intimität, die das heillose Selbstbewusstsein ihres eigenen Verlustes darstellt – das heißt die Intimität des reinen Verlustes und den Verlust der Intimität zugleich.

Auch wenn Bataille in *Theorie der Religion* versichert, dass die gewaltsame Opferhandlung nicht auf die vollständige und buchstäbliche Vernichtung der Opfergaben, sondern lediglich auf die rückhaltlose Zerstörung ihrer Dinglichkeit und Dienlichkeit zielt (ThdR 39), so ist doch der blutige Verlauf des Opfers für ihn unzweideutig der rückhaltloseste Weg, »auf dem die getrennten Wesen miteinander kommunizieren« (VT 89) und sie die verlorene Intimität ihrer Gemeinschaft im Augenblick ekstatischer Einswerdung wiederfinden können. Von der Mimesis mit dem getöteten Sklaven oder Arbeitstier, die als dienstbare Dinge zerstört werden, damit sie ihre Unverfügbarkeit als Lebewesen zurückerhalten, verspricht sich Bataille auf Seiten der Zuschauer den Eintritt und Übergang in einen ekstatischen Zustand, der das gegenständliche Bewusstsein *als* Bewusstsein *von etwas* für die Dauer des dionysischen Taumels vernichtet und die Diskontinuität zwischen den Wesen aufhebt. Sich in der Ekstase zu verlieren bedeutet demnach, »der Isolierung, der Einpferchung des Individuums zu entgehen« (DiE 39). In der ekstatischen »Glut des intimen Lebens« – sei es die des Opfers, die des Rausches, die der sexuellen Orgie oder die des Festes – verfließen nicht nur die realen Unterschiede und Grenzziehungen zwischen den Dingen und den Individuen (ThdR 48). Die intime Einswerdung erstreckt sich auch auf das Selbstbewusstsein, das unter der Ägide verdinglichender Arbeit zu Selbstentäußerung, Selbstentfernung und Selbstabspaltung verurteilt ist, im Opferritus aber zum Bewusstsein vom »Nichts des reinen Verlustes« und der rückkehrlosen Selbstverschwendung aufsteigt (VT 233).

Zwar beweist Bataille ein heterologisches Gespür für das ganz Andere, das Ausgestoßene, Verbotene und Verworfene – »die Schmutzigkeit der Erde, in der die Körper verfaulen«, »die niedrigen Körperteile (Genitalien, der Exkretion dienenden Körperöffnungen)« oder die »schändliche, niedrige Materie« –, das er im Zeichen einer einschlägigen Wissenschaft systematisch zu klassifizieren und zu rehabilitieren beabsichtigt.[50] Doch zielt der mythische Wunsch nach symbiotischer Einswerdung und ekstatischer Gemeinschaft im Schmelztiegel des gewalttätigen Opfers ausgerechnet auf die Annullierung der irreduziblen Fremdheit und Trennung der Lebewesen. Offenkundig ist es dem Nietzsche- und Mauss-Leser nicht um die Fremderfahrung des Anderen, das heißt um die Wahrung und Aufrechterhaltung jener irreduziblen Trennung zwischen den Lebewesen zu tun, die allein berührt und berührbar macht. Es geht ihm gerade nicht um die Bildung, Unterhaltung und Intensivierung pathischer Distanzen mithilfe der kulturellen Praktik des Gabentausches, sondern um eine orgiastische Verschmelzung im Strudel der Gewalt.

Bataille gelingt es nicht, gegenüber dem Opfer auf Abstand zu gehen. Es gelingt ihm selbst dort nicht, wo er das Opfer als betrügerisches Manöver oder als eine unvermeidbare Täuschung denunziert: So betont er, dass die Opfernden sich selbst täuschen, wenn sie sich »äußerer Mittel« bedienen, um zum »Äußersten« (DiE 91) zu gelangen und die »reine Innerlichkeit« wiederzufinden (VT 232). Doch weil die Intimität zu ihrer Bezeichnung auf »äußerliche Elemente« angewiesen bleibt (VT 164), ist eine solche Täuschung unumgänglich, auch wenn Bataille andernorts dafür plädiert, »die äußeren Mittel [...] zu verwerfen« (DiE 25), zu atmen, zu schweigen (DiE 31) und im »poetischen Erfassen« die Aneignung des Todes als die Aneignung dessen zu versuchen, »was uns überschreitet«, ohne uns als »eigenes Gut« je anzugehören (DiE 16).

Misst man die »Opferökonomie« am Maßstab des »reinen Verlustes«, was Bataille unaufhörlich tut, dann verliert sie zu wenig und gewinnt zu viel, dann ist sie nicht exzessiv, »allgemein« und folgenreich genug. Auf der Linie dieser Argumentation bewegt sich Batailles hartnäckigste Opferkritik: Die religiösen Opferökonomien hätten die Herrschaft der Dinge in der außerreligiösen Sphäre der Arbeit und Selbsterhaltung unverändert bestehen lassen und damit bestenfalls eine kompensatorische Rolle gespielt. Das ist, so könnte man sagen, das *borderline*, die ganz besondere Leere der Religionen, die sich aufführen, als ob die Instrumentalität erforderlich und daher überall, im Profanen sowohl als auch im Sakralen, irreparabel am Platze sei. Alle Religionen bewegten sich daher stets noch, wie es bei Bataille mit anti-kantischen Anklängen heißt, »in den Grenzen der Vernunft« (ThdR 83). Nicht nur obliege es dem Opferritus, die bis zur wahnsinnigen Selbstvernichtung der Opfernden reichende Entfesselung der Gewalt zu begrenzen. Dieser trage den Erfordernissen der profanen Welt schon allein dadurch Rechnung, dass er das Opferfest zeitlich und räumlich beschränke. Die Denunziation des Opfers als Komödie des *do ut des* gehört zum traditionellen Bestand abendländischer Opferkritik und kann unter den Auspizien der restlosen Verausgabung auch bei Bataille nicht fehlen: »Der Nonsens: der Knoblauchgeschmack, den das geröstete Lamm hat.« (DiE 91) Wo immer es der Opferritus auf alimentären Genuss oder ökonomischen Handel mit den göttlichen Mächten abgesehen hat, verkommt er »am Ende« zu einer wirksamen und zweckgerichteten Operation: »Die Möglichkeit, etwas zu erzeugen, die Felder und Herden fruchtbar zu machen, wird Riten beigelegt, deren auch noch so wenig servile Verfahren letztlich operativ bezwecken, den furchtbaren Gewalten Zugeständnisse zu machen, ihnen das Ihre zu geben, um nicht alles zu verlieren. Wie auch immer, ob positiv in der Fruchtbarmachung oder negativ im sühnenden Gnädigstimmen, im Fest zeigt sich die Gemeinschaft vor allem als dingliches Verhältnis – als entschiedene Individualisierung und als gemeinsames Werk umwillen der Dauer.« (ThdR 48 f.)

Der merkantile Tauschhandel mit der Gottheit hat ebenso wie die Opfermahlzeit das »Wesen des Opfers«, die zerstörerische und rückkehrlose Preisgabe der Opfergabe, verraten. Kalkulieren doch beide Opferriten damit, durch das Geben und Verlieren entweder auf Dauer oder aber zumindest doch für den Augenblick zu gewinnen – die gute Ernte oder die eigene Fleischration –, statt dem bloßen Augenblick in äußerster Verschwendung hingegeben zu sein. Die kulturhistorisch verschiedenen Opfertypen haben, so Bataille, die wahre Natur des Opfers, seine ruinöse Exzessivität, pervertiert, indem sie ihm eine Grenze der Mäßigung auferlegt haben. So bleibt Bataille, auch und gerade in seiner Opferkritik, das Opfer seiner eigenen Faszination durch eine zerstörerische Maßlosigkeit, die er den alten Opfern als Prinzip genauso unterlegt wie dem Potlatch als einem seiner zeitgenössischen Verwandten.

Nicht nur Batailles Gabentheorie, auch seine Opfertheorie kollidiert mit der von Mauss und Hubert 1899 veröffentlichten Theorie und Geschichte des Opfers. Mit dem im *Essai sur la nature et la fonction du sacrifice* entwickelten Konzept des Opfers als einer vertraglichen Bindung zu den Göttern (Enfs 305, 272) deutet sich bereits jene dritte Dimension zwischen ökonomischer Haushaltung und reserveloser Verausgabung an, die der *Essay über die Gabe* zum Spezifikum des pazifischen Gabentausches erklären wird. Hubert und Mauss formulieren dort eine soziologische Antwort auf die kulturwissenschaftliche Opfertheorie Edward B. Tylors und die religionswissenschaftliche Opfertheorie von William Robertson Smith.[51] Nach Tylors Deutung geht das rituelle Opfer – und das Menschenopfer zumal –, das er dem selbstlosen Opfer der christlichen Gottheit diametral entgegensetzt, ganz in der ökonomischen Logik des *do ut des* auf.[52] Dagegen versteht die von Robertson Smith vorgeschlagene moralische Interpretation das ursprüngliche Opfer als eine mit der

Gottheit geteilte totemistische Mahlzeit (DRdS 210), die als »Fest der Verwandtschaft« (DRdS 212), wo nicht zum protochristlichen Abendmahl, so doch zur Institution einer ethischen Versammlung und heiligen Kommunion ansonsten versprengter Individuen erklärt wird, die durch die Aufnahme der gleichen Substanz zu Tischgenossen und je von Neuem zu Brüdern werden.

Die von Hubert und Mauss entwickelte Perspektive nimmt gegenüber diesen beiden Vorschlägen eine Zwischenposition ein: Bei Tylor stellt das rituelle Tauschgeschäft mit der Gottheit den evolutionären Ausgangspunkt für die Entwicklung des moralischen Opfers dar. Robertson Smith findet das moralische Opfer, unter Ablehnung aller Tributzahlungen an die Gottheit, bereits am Anfang, in Gestalt der rituellen Essgemeinschaft mit der Gottheit (DRdS 205) realisiert. Dagegen sehen Hubert und Mauss im vertraglichen Tauschgeschäft mit der Gottheit, das heißt im rituellen »Opfer an Gott«, nicht nur ein ökonomisches Kalkül (ich gebe, damit Du gibst) (Enfs 272), sondern zugleich eine kommunikative und moralische Dimension am Werk. Das Opfer ist *sowohl* ein »nützlicher Akt« *als auch* eine »Obligation« (Enfs 305), von der sich niemand ausnehmen kann: »In jedem Opfer gibt es einen Akt der Selbstverneinung, weil der Opfernde auf etwas (von sich) verzichtet und es gibt.« (Enfs 304) Die im Opfer vollzogene Selbstverneinung und »Unterwerfung« geschieht indes nicht »ohne egoistische Vorbehalte«, da das, was der Opfernde »von sich gibt, ein Teil dessen [ist], was er empfängt« (Enfs 304). Wie im Gabentausch, so »vermischen sich« auch im rituellen Opfer Eigennutz und Selbstlosigkeit, Generosität und Reserve, »Interesselosigkeit mit [...] Interesse«. Dabei erspart sich der Opfernde auf dem Wege der »Identifizierung« mit dem Opfer die totale (das heißt tödliche) Selbstpreisgabe seiner Person. In der »Identifizierung« mit dem geweihten Opfer »hält sich der Opfernde schützend zurück«: Sie erlässt ihm das radikale Opfer seiner eigenen Person, zu dem er genötigt wäre, wenn er sich »ohne ein Zurück« und »bis zum Ende in den Ritus einbringen« müsste (Enfs 283 ff., 305). Dagegen realisiert sich im »Opfer des Gottes«, das Hubert und Mauss als »den höchsten Ausdruck und die ideale Grenze der bedingungslosen Selbstverneinung« begreifen, das dem Menschen Unmögliche, nämlich die Abwesenheit jeglichen »egoistischen Kalküls«: »Denn der Gott, der sich opfert, gibt sich ohne ein Zurück.« Dieses im Opfer des Gottes erfüllte moralische Ideal radikaler Selbstpreisgabe vermag – mehr noch als das Opfer an Gott – die für das soziale Leben so entscheidende moralische Anforderung der Gabe und des Verzichts ins Bewusstsein jedes Einzelnen einzutragen und periodisch wieder zu beleben (Enfs 303 f.).

Marcel Détienne und Jean-Paul Vernant haben auf die problematische Rolle eines »allumfassenden Christentums« hingewiesen, das noch die avanciertesten ethno-anthropologischen Begriffe des Opfers korrumpiere und der eigensinnigen Vielfalt der alten und zeitgenössischen Opferpraktiken nicht gerecht werde.[53] Batailles und Mauss' Opfertheorie bewegen sich zweifellos auf je ihre Weise im Horizont einer im *double bind* des rituellen und moralischen Opfers beziehungsweise vergeistigten Opfers verstrickten christlichen Deutung, die im Kreuzopfer – als der Gestalt einer unendlichen Aufhebung des rituellen Opfers – bewahrt, was sie mit diesem zugleich abzuschaffen sucht. Es ist das zur Vergebung aller Sünden vergossene Blut Christi, mit dessen einzigartigem Opfer das definitive Ende aller rituellen Opfer gesetzt sein soll, auch wenn die »›Wiederholung‹, Ausdehnung oder Nachahmung des Kreuzopfers«[54] in der katholischen und griechisch-orthodoxen Kirche durch Eucharistie und Transsubstantiation die Abschaffung des rituellen Opfers durch den Opfertod Christi Lügen straft.

Eine solche Interpretation des Opfers, das fortsetzt, womit es bricht, entspricht nicht immer einer Fortschritts- und Verinnerlichungsgeschichte, in jedem Fall aber einem Sublimierungsgeschehen, das bei Bataille als Opfersupplement der Kunst und bei Mauss und Hubert als moralisches Opfer auftritt. Deren Elemente (die entweder evolutionär, wie bei Tylor, oder aber verfallsgeschichtlich, wie bei Robertson Smith, in eine chronologische Reihung gebracht werden) sind ein blutiger und grausamer Ritus (das Menschen- oder Tieropfer), eine symbolische Opferung (etwas für etwas anderes stellvertretend opfern) und die Aufhebung des Opfers durch seine Sublimierung in Gestalt eines geistigen oder moralischen Opfers. Bataille und Mauss sehen eine solche Sublimierung des rituellen Opfers nicht am Ende einer kulturhistorischen Entwicklung realisiert, die erst mit dem Opfertod Christi ihren Abschluss gefunden hat, sondern – von der nachträglichen Warte eines »allumfassenden Christentums« aus betrachtet – bereits im rituellen Opfer selbst angelegt. Das rituelle Opfer fungiert bei Bataille als dramatisches Schauspiel; bei Mauss hat es einen moralisch-kommunikativen Charakter. Schauen wir in einem zweiten Schritt, ob und – wenn ja – inwieweit es Mauss und Bataille bei ihrer Deutung des indianischen Potlatch gelingt, die Geschlossenheit dieses christlichen Opferhorizontes zu durchbrechen.

2. Die Zweideutigkeit des Potlatch

Im *Essay über die Gabe* nimmt der in den indianischen Gesellschaften Nordwestamerikas praktizierte Potlatch zweifellos eine Sonderstellung ein. In dieser »feierlichen« Institution der »Reichtumsübertragungen« werden die Verpflichtungen des Gebens, Nehmens und Erwiderns in besonders »radikaler und ausgeprägter« (DG 59) Weise vollzogen, weshalb der Potlatch – anders als die anderen von Mauss untersuchten Gabensysteme – das ganze Interesse Batailles auf sich ziehen kann. Er glaubt in der »aufsehenerregenden Zerstörung der Reichtümer« nicht nur ein zeitgenössisches Komplement zum »religiösen Opfer«, sondern auch zur »Kreditinflation der Bankenzivilisation« gefunden zu haben.[55] Was hat es mit der rituellen Vernichtung von Reichtümern – der demonstrativen Tötung von Sklaven, dem Niedermetzeln ganzer Hundemeuten, dem Niederbrennen von Dörfern, der Vernichtung von Kupferbarren und Chilkat-Decken – auf sich? Woher rührt das Überbietungsideal eines Potlatch, der nicht erwidert werden kann und so die entsprechende Gegengabe verhindert? Welches ist das Motiv der so unterschiedlichen Bewertungen dieses Extrems der Gabe, das Mauss als »monströse Ausgeburt des Geschenksystems« (DG 79) zurückweist und Bataille emphatisch als exzessiven Wahnsinn der Gabe begrüßt? Und schließlich: Was muss man im ethnografischen und kolonialhistorischen Sinne wissen, um diese Monströsität des Potlatch zu verstehen?

Für seine Beschreibung des Potlatch stützt sich Mauss in der Hauptsache auf die Arbeiten von Franz Boas und dessen Kwakiutl-Informanten George Hunt.[56] Wie man heute weiß, hat Boas an der feierlichen Inszenierung eines Potlatch nur dreimal persönlich teilgenommen: Auf seiner ersten Reise nach Britisch Kolumbien bei dem Kwakiutl-Stamm der Nawitti auf der nordöstlichen Seite der Insel Vancouver zwischen dem 7. und 13. Oktober 1886. Sodann im Jahre 1894, ganze fünf Tage in der Kwakiutl-Station Fort Rupert. Schließlich zwischen 1930 und 1931, wo er erneut drei Monate in Fort Rupert zubrachte, um einen einstündigen Film über die Technologie der Tänze zu realisieren (*The Kwakiutl of Vancouver Island*). Boas' Kenntnisse des Potlatch sind daher mit einer gewissen Vorsicht zu genießen und basieren gemäß der von ihm favorisierten ethnografischen Methode nicht auf teilnehmender Beobachtung, sondern auf der über dreißig Jahre währenden Korrespondenz mit George Hunt, dem er die entscheidenden Texte und Informationen zur sozialen Organisation (Geheimgesellschaften, Bruderschaften), zur Mythologie und Tradition der Kwakiutl-Kultur verdankt (BKp 32). Neben Boas und Hunt sind Mauss die Ethnografien ihrer Zeitgenossen, Edward Sapir, John R. Swanton und Charles Hill Tour, jedoch ebenso vertraut wie die älteren Arbeiten von Aurel Krause, George Dawson oder Johan Jacobsen. Dabei handelt es sich um ethnografische Arbeiten, die Bataille bei seiner metaphysisch-opferökonomischen Auslegung des Potlatch ganz sicher nicht zur Kenntnis genommen hat; projiziert er doch einen kolonialhistorischen Zustand ins Absolute einer existenziellen Situation.

Im Unterschied zu Bataille beweist Mauss' Interpretation des Potlatch indes ein gewisses Gespür für das Unzureichende der bis dahin zusammengetragenen Daten, was im Licht späterer ethnografischer Untersuchungen auf doppelte Weise zu Buche schlägt: Zum einen weiß Mauss darum, dass namentlich an der von Boas skizzierten Deutung des Potlatch entscheidende Korrekturen vorzunehmen sind, die auf die historische Rekonstruktion seiner früheren Ausgestaltung abheben müssen. Zum anderen wird unter der Voraussetzung einer kolonialhistorischen Transformation des Potlatch das Problem seiner begrifflichen Kategorisierung virulent. Das Wort Potlatch ist ein Zeichen mit höchst ungesicherter Referenz: »A Pot*lack*«.[57]

Die den Potlatch praktizierenden Gesellschaften, die Mauss im Sinn hat, sind sowohl an der Küste Nordamerikas und Alaskas (Tlinglit beziehungsweise Haida) als auch in Britisch Kolumbien (Haida, Tsimshian und Kwakiutl) zu Hause. Mauss betont, dass sie seit geraumer Zeit in Kontakt zu den Europäern gestanden haben – mit den Russen seit dem 18. Jahrhundert, den französisch-kanadischen Truppen seit Anfang des 19. Jahrhunderts (DG 57, Anm. 111). Während die traditionelle Ökonomie dieser am Meer oder an den Flüssen lebenden Gesellschaften auf der Jagd und dem Fischfang beruht, macht Mauss – ohne eigens auf die Frage des Handels mit den Europäern einzugehen – darauf aufmerksam, dass aus den übrigen Ressourcen des Reichtums (Pelze und eine hoch entwickelte Zedernindustrie) enorme »Überschüsse« erzielt werden. Für den Bereich der »materiellen Kultur« hebt er nicht nur den Kanubau hervor, sondern auch die ausgereifte Technik, Kupfer zu bearbeiten, um daraus Kupferplatten, die als »Geld« dienenden Wappenschilde, herzustellen. Ferner erwähnt er die kunstvolle Anfertigung der »schön gemusterten Wolldecken«, die Chilkat-Decken (ebenfalls »eine Art von Geld«), und die Schnitzereien der aus Horn gefertigten Pfeifen, Keulen, Blasrohre und Löffel.

Die indianischen Gesellschaften zeichneten sich durch eine »doppelte soziale Morphologie« aus. Während die Sommergesellschaft jeweils von der Jagd und dem Fischfang in Anspruch genommen und von daher einer sozialen Zerstreuung unterworfen sei, befinde sich die Wintergesellschaft aufgrund ihrer sozialen Konzentration im »Zustand dauernder«, fremdaffizierter »Efferveszenz«: Bei allen Gelegenheiten des sozialen Lebens (Heirat, Initiation, *ranking*, Beförderung, Bestattungsfeiern, schamanistische Zeremonien) »[folgt] ein Fest [...] dem anderen«. Anlässlich dieser Feste »gibt man mit vollen Händen« den in den Sommermonaten produzierten und erworbenen Reichtum aus (DG 61): »Nach allen Richtungen werden Potlatch gegeben, in Erwiderung anderer Potlatch der gleichen Art.« (DG 62) Von den bisher untersuchten Gabensystemen unterscheidet sich der Potlatch (»nur«) durch »die Heftigkeit, Übertreibung und den Antagonismus, den er hervorruft« (DG 62). Ferner treten hier drei Vorstellungen beziehungsweise Begriffe hervor: der des »Kredits, der Frist sowie [...] der Ehre« (DG 62). Mauss' Einführung des Kredit- und Fristbegriffs in den Gabentausch hat sich freilich von der mit speziellen Intentionen belasteten Auslegung des Potlatch durch Boas inspirieren lassen, die auch Bataille beeindruckt zu haben scheint.

Die »landläufige Wirtschafts- und Rechtstheorie« hat den Kreditverkauf auf ein »höheres Stadium der Zivilisation« verlegt und in einer chronologischen Linie den Verkauf aus dem ursprünglichen Tausch und den Kreditverkauf wiederum aufs Geratewohl aus dem Barzahlungsverkauf hervorgehen lassen. Mauss hingegen betont, dass es »in der Natur der Gabe liegt, [...] auf eine bestimmte Frist zu verpflichten«, da »jede Gegenleistung [...] einer gewissen ›Zeit‹« bedarf. Der »Ursprung« des Frist- und des Kreditbegriffs ist demnach im »komplexen System der Gabe selbst« zu datieren. Dagegen zieht der Tauschhandel die Differenz zwischen zwei »ehemals auseinanderliegenden Zeitabschnitten« (DG 64), die Spanne und Spannung zwischen der Gabe und der Gegengabe, nahezu vollständig ein. Der Gabeakt aber gibt dem Empfänger zugleich mit der Gabe selbst jene erforderliche Zeit, deren es bedarf, um auf eine Gabe mit einer Gegengabe zu antworten.[58] Dabei »garantiert« die in der Gabe liegende Kraft ihre Rückgabe zu einem bestimmten Termin. Die Fähigkeit, seine Schulden zur rechten Zeit mehr als zu begleichen und damit den vormaligen Gläubiger zum Schuldner zu degradieren, wird in den Potlatch-Gesellschaften auf explizite Weise mit dem Begriff der Ehre und des Prestiges verknüpft. Dabei spielt das betont exzessive, das bis zur vollständigen Zerstörung der Güter reichende Verschwendungspotenzial der Rückzahlung des »Schuldenvolumens« die über Sieg und Niederlage entscheidende Rolle: »Verbrauch und Zerstörung sind so gut wie unbegrenzt. Bei einigen Potlatch ist man gezwungen, alles auszugeben, was man besitzt, man darf nichts zurückhalten.« (DG 64) Wem es in der erbitterten Rivalität um einen spezifischen

Rang (in den Brüderschaften und Clans) gelingt, die Mitbewerber an Zerstörungsmacht zu übertreffen, dem wird die anvisierte Stellung öffentlich zuerkannt. Das Prinzip gründet auf der vollständigen Zerstörung der kostbaren Güter (Häuser, Kanus, Kupferplatten, Sklaven, Abalone-Muscheln, Chilkat-Decken u.a.),[59] die den Gewinn von sozialem Prestige und Status nach sich zieht. So wie man im Krieg, falls man getötet wird oder in Sklaverei fällt (DG 78), seine Stellung, seinen Namen, seine Tanzmasken, Wappen, Totem, Privilegien, Embleme, seine Seele und das Recht, einen Geist zu verkörpern, kurzum: nicht »nur« sein Leben, sondern seine ganze soziale Identität verliert und an den Sieger abtritt, so steht auch im Falle der Niederlage bei dem von den Kwakiutl so bezeichneten »Eigentumskrieg« die ganze Person auf dem Spiel (DG 65 ff., 72). Das »Eigentum [zu] töten« – und zwar »das der anderen, indem man ihnen Güter schenkt, die sie zurückerstatten müssen« – bedeutet, die im Gaben-»Spiel« engagierten Gegner zu töten, sie mit der Vernichtung der eigenen Reichtümer »flach« zu machen (DG 65 f.). Die Ehre dessen, der »seinen eigenen Aufstieg auf der sozialen Stufenleiter [oder] den seiner Familie« (DG 67) erstrebt, ist nichts anderes als die von den Geistern begünstigte Macht und glückliche Autorität, seinen Reichtum zu verteilen oder aber vollständig zu zerstören (DG 71). Weder die »Reichtumsunterschiede« noch auch deren Umsetzung in »Rangunterschiede« lassen sich auf Dauer feststellen, da sie der steten Drohung ihrer Überbietung ausgesetzt sind. Für Mauss ist namentlich die bis zur »Vernichtung« von Personen und Sachen reichende Radikalität des Potlatch Symptom eines »Wahnsinns« (DG 65),[60] trägt er sich doch mit der deutlichen Ahnung, dass sich hinter der Maßlosigkeit dieses Gabensystems eine gemäßigte, weniger individualistische und konkurrenzhafte Institution der Aus- und Verteilung von Gütern und Diensten verbirgt (DG 79).

Dass der Potlatch verrückt spielt, weil es im Namen der Ehre »in einigen Fällen nicht einmal mehr um Geben und Zurückgeben, sondern um Zerstörung geht« (DG 66), hängt mit einer Reihe kolonialer Ursachen und Entwicklungen zusammen, die Marie Mauzé bei ihrem Versuch einer Neubewertung des Potlatch und seiner Deutung durch Boas zu einem scharf umrissenen Bild zusammengetragen hat: Bei der Gesellschaft, die Boas am Ende des 19. Jahrhunderts angetroffen und in der für Mauss maßgeblichen Weise beschrieben hat, handelt es sich um eine »neo-traditionelle« Gesellschaft, die in »demographischer, ökonomischer, politischer [und] religiöser« Hinsicht erheblichen Veränderungen ausgesetzt war – Veränderungen, die allesamt aus dem Kontakt mit den Europäern und ihrer kolonialen Bevormundung hervorgegangen sind (BKp 22).

Helen Codere schätzt die Bevölkerung der Kwakiutl um das Jahr 1835 auf zwischen 7000 und 8000.[61] In einem Zeitraum von nur fünfzig Jahren (1835-1885) wird die Kwakiutl-Gesellschaft unter dem Einfluss der von den Weißen eingeschleppten Krankheiten: »Pocken, Tuberkulose, Masern, Geschlechtskrankheiten – und Alkohol« um 75 Prozent reduziert. Im Jahr 1924 zählt sie nur noch 1000 Mitglieder. Aber auch die traditionelle Ökonomie der Kwakiutl ist zwischen 1835 und 1885 durch ihre Monetarisierung und Integration in die dominante kanadische Ökonomie (Holzindustrie, Fisch- und Pelzhandel, Einfuhr industriell hergestellter Güter) vor erhebliche Herausforderungen gestellt. Neben den ehemals reichen, aristokratischen Häuptlingen etabliert sich, so Marie Mauzé, eine »Klasse von Neureichen«. Als ein weiteres entscheidendes Ereignis muss das Verbot der indianischen Stammeskriege seitens der kolonialen Regierung angesehen werden, die der indianischen Sklaverei ein Ende setzt. Diese drei Faktoren – »dramatische Bevölkerungsabnahme, beträchtliches Anwachsen des Reichtums der Kwakiutl, Verbot des

Krieges« (BKp 24) – bilden nach Mauzé die Voraussetzungen dafür, dass der von Boas und Hunt beschriebene Potlatch die »tiefgreifende Perversion eines antiken Systems« (BKp 25) darstellt: Die drastische Bevölkerungsabnahme zieht eine große Anzahl vakant gewordener (religiöser, politischer, sozialer) Positionen und eine »Situation extremer Konfusion« im Bereich des sozialen Systems und seiner korporativen Reproduktion nach sich. Denn um der Klasse der »Neureichen« den Zugang zu jenen freigewordenen Positionen zu erschweren, von denen sie traditionellerweise ausgeschlossen sind, gehen die Nobilen dazu über, sie den jungen Männern oder den Frauen zuzusprechen.[62] Sowohl der enorme Reichtum der »Neureichen« als auch das Verbot der Stammeskriege transformieren das intertribale System der Verteilung der Güter, das zuvor ein Privileg der Stammeshäuptlinge war. Der Potlatch entwickelt sich zu einem Instrument der Kriegsführung zwischen den Stämmen (BKp 25 ff.) und kann so erst eigentlich die erbitterte Rivalität und Zerstörung der Reichtümer (den »Eigentumskrieg« und die »Tötung des Eigentums«) plausibel machen.[63] In diesem Kontext etabliert sich eine neue Hierarchie der Stämme, die mit der Errichtung einer neuen Gesellschaft – »die Ordnung der Adler« – einhergeht. Darin finden sich alte Häuptlinge und Neureiche zusammengeschlossen, denen das Privileg zukommt, »als erste bedient [zu] werden« (BKp 25). Ferner lässt sich über die Reichtumsverteilungen der ihren Stämmen entfremdeten, aus dem »Netz der Solidarität« (BKp 27) gefallenen und auf erneuten Zutritt drängenden Neureichen (die Anspruch anmelden auf die ihnen zuvor verwehrten Titel und Ränge) die verschärfte Individualisierung des Potlatch erklärlich machen. Schließlich verlieren die traditionellen Zeichen und Güter des Prestige verleihenden Reichtums an Bedeutung. Anstelle der Nahrungsverteilung, der Kanus, der Chilkat-Decken und der Kupferplatten finden sich nun

»Billardtische, Nähmaschinen, Phonographen, Emaillegeschirr« und Grammophone unter den Potlatch-Objekten. Eine »neue Institution«, die die Indianer *business-cycle* beziehungsweise *business-potlatch* nennen, verdrängt die Institution der intertribalen Güter- und Lebensmittelverteilung traditionellen Typs, die in der Hauptsache der öffentlichen Anerkennung und Übertragung von Titeln und Rängen innerhalb eines Stammes diente und kaum antagonistisch ausgebildet war.[64] In dieser kolonialen Situation, in der der Potlatch die ihn prägenden Züge der exzessiven Vernichtung von Reichtümern, der Radikalisierung des Wettbewerbs und einer verschärften Individualisierung auszubilden beginnt, wird er durch ein Gesetz verboten, das, als Zusatz zum *Indian Act* von 1876, am 12. Februar 1884 durch *The House of Commons* verabschiedet wird und am 1. Januar 1885 in Kraft tritt. Der Abschnitt 114 des mit *An Act Respecting Indians* (kurz: *The Indian Act*) betitelten 43. Kapitels der *Revised Statutes of Canada* stellt das Potlatch-Fest unter Strafe und trifft eine eigentümliche Unterscheidung zwischen Indianer und Person:

»114. Jeder Indianer oder jede Person, der/die die Feier des indianischen Festes, das als ›Potlatch‹ bekannt ist, oder den indianischen Tanz, der als ›Tamanawas‹ bekannt ist, ausführt oder unterstützt, ist eines Vergehens schuldig und wird mit Gefängnis nicht über 6 Monaten und nicht unter 2 Monaten bestraft:

2. Jeder Indianer oder jede Person, der/die direkt oder indirekt einen Indianer ermutigt, eine solche Fest- oder Tanzveranstaltung zu organisieren oder zu zelebrieren, oder der/die dabei Hilfe leistet, ist des gleichen Vergehens schuldig und soll dieselbe Strafe erhalten.«[65]

Auch wenn die Mehrheit der *aboriginal people* auf dieses neue Gesetz mit Widerstand reagiert, sind die Grenzen zwischen den Gesetzesbefürwortern und -gegnern nicht trennscharf zwischen Weißen und Indianern zu ziehen. So spielen einige Indianer aus

Furcht, im Potlatch zu Bettlern gemacht zu werden, durchaus eine aktive Rolle bei der Unterstützung der Anti-Potlatch-Polizei.[66] Umgekehrt gibt es Weiße, denen es, wie Franz Boas im Widerstand gegen das Anti-Potlatch-Gesetz, um ein gewisses Verständnis des Potlatch zu tun ist. Wie Isabelle Schulte-Tenckhoff zu Recht hervorhebt, ist Boas' Engagement jedoch weniger dem Ziel einer genauen wissenschaftlichen Untersuchung des Potlatch verpflichtet. Es muss eher als eine rhetorische Intervention angesehen werden, die die Erste Nation von Britisch-Kolumbien vor der zivilisierenden Mission der christlichen Kirchen und dem kanadischen Staat zu verteidigen und zu schützen versucht.[67] Seinen politischen Widerstand gegen das Anti-Potlatch-Gesetz bringt Boas in einem am 6. März 1897 in der Zeitung *Victoria Province* veröffentlichten Brief zum Ausdruck. Mit einer rationalisierenden Strategie der Verkehrung, Annäherung und Spiegelung wendet er sich darin gegen die hinter dem Gesetz stehende kolonialmissionarische Verurteilung des Potlatch als einer sinnlosen, die Gebote der Schöpfung Gottes missachtenden Praktik absoluter Verausgabung, die die Teilnehmer zu würdelosen Bettlern degradiert. Die von ihm gegen das Gesetz gerichtete Verkehrung besteht darin, den Potlatch eher als eine Form der vorsorglichen Kapitalanlage und Lebensversicherung denn als (eine kolonial bewirkte) Verschleuderung von Reichtümern zu charakterisieren. Die Annäherung betrifft die Übersetzung der indianischen Gabenökonomie in die westlichen Begriffe des Datums, des Kredits, des verzinsten Darlehens, der Schuld und der Rückzahlung. Die Spiegelung wird schließlich dadurch erreicht, dass die, wie Boas es nennt, »zivilisierten Gemeinschaften« sich selbst in dem »ökonomischen System« der *First Nation of British Columbia* wiedererkennen könnten. Mauss hat diesen Brief im *Essay über die Gabe*, allerdings unter Aussparung seines politischen Kontextes, zitiert:

»Schließlich mag es angemessen sein, eine kurze Erläuterung des ökonomischen Systems hinzuzufügen, das unter diesen Indianern herrscht, das zur Gänze im 5. Bericht des Komitees bekannt gemacht wurde. Dieses System findet seinen Ausdruck im so genannten Potlatch. Die Bedeutung dieser Gepflogenheit ist vielfach missverstanden worden, und die jüngere Gesetzgebung, die den Potlatch zu einem Verbrechen macht, ist wahrscheinlich in hohem Maße einer falschen Auffassung seiner Bedeutung geschuldet. [Jetzt erst setzt Mauss mit dem Zitat ein]: Das ökonomische System der Indianer British Columbia basiert im Wesentlichen auf Kredit genauso wie das zivilisierter Gemeinschaften. Bei all seinen Unternehmungen vertraut der Indianer auf die Hilfe seiner Freunde. Er verspricht, sie für ihre Hilfe zu einem späteren Zeitpunkt zu bezahlen. Wenn die erbrachte Hilfe in wertvollen Dingen bestand, die von den Indianern in Decken gemessen wird, so wie wir sie in Geld messen, verspricht er, den so geliehenen Betrag mit Zinsen zurückzuzahlen. Der Indianer hat kein Schriftsystem, daher geschieht dies öffentlich, um die Sicherheit der Transaktion zu gewährleisten. Einerseits Schulden aufzunehmen und andererseits Schulden zu bezahlen, das ist der Potlatch. Dieses ökonomische System hat sich in einem solchen Umfang entwickelt, dass das Kapital, das alle individuellen Mitglieder des Systems besitzen, um ein Vielfaches den aktuellen Barbetrag übersteigt, der existiert; das heißt die Bedingungen sind analog zu denen, die in unserer Gemeinschaft herrschen: Wenn wir alle unsere ausstehenden Schulden einfordern wollen, stellt sich heraus, dass auf keinen Fall genug Geld vorhanden ist, sie zu bezahlen, und der Versuch aller Gläubiger, ihre Darlehen einzufordern, endet in einer desaströsen Panik, von der sich zu erholen die Gemeinschaft lange braucht. Man muss genau verstehen, dass ein Indianer, der alle seine Freunde und Nachbarn zu einem großen Potlatch einlädt und dem Anschein nach alle angehäuften Früchte langer Jahre Arbeit verschwendet, zwei Dinge im Kopf hat, die wir als weise und lobenswert anerkennen müssen. Sein erstes Ziel ist es, seine Schulden zu bezahlen. Das macht man öffentlich und sehr zeremoniell, als verbürgte Tatsache. Sein zweites Ziel ist es, die Früchte seiner Arbeit zu investieren, so dass daraus der größte Nutzen für ihn selbst und für seine Kinder erwächst. Auf diesem Fest erhalten die Empfänger der Gaben diese als Darlehen, die sie zu ihren gegenwärtigen Unternehmungen nutzen, aber nach Ablauf mehrerer Jahre müssen sie sie ihrem Geber oder seinem Erben mit Zinsen zurückzahlen. Auf diese Weise ist der Potlatch von den Indianern als ein Mittel zur Sicherung der Wohlfahrt ihrer Kinder zu betrachten für den Fall, dass sie in jungen Jahren als Waisen zurückbleiben. Es ist, wie wir sagen würden, ihre Lebensversicherung.«[68]

Mauss hat diesen Brief – freilich ohne den Kredit-Begriff aufzugeben – dahingehend korrigiert, dass er die von Boas in strategischer Absicht verwendeten Begriffe (»Schulden«, »Zahlung«, »Rückzahlung«, »Darlehen«) durch die Ausdrücke »Geschenk und Gegengeschenk« ersetzt. Ganz sicher darf man hinter Mauss' Versuch der kolonialen Dekontextualisierung und Wiedereinsetzung der dem »archaischen« Gabentausch anscheinend näherstehenden Begriffe die Absicht vermuten, eine traditionellere Ausgestaltung des Potlatch zu rekonstruieren. Doch bildet seine Interpretation in gewisser Hinsicht ein Echo jener »Verwirrung« hinsichtlich der Bestimmung des Potlatch, die zwischen 1897 und 1899 die Texte von Boas selbst durchzieht (BKp 36): Einmal handelt es sich bei Boas um eine Art Kredit- und Finanzsystem, dann wieder ist der Potlatch eine Form der Investition von Reichtümern, jedoch nicht um des Profits willen, sondern im Sinne einer *method of acquiring rank*.[69] Ein anderes Mal wird er als das generelle, an die »ältere« Form erinnernde System der Akkumulation und Verteilung von Reichtümern ausgewiesen, oder aber er ist ein *rivals fight with property*,[70] bei dem es auf die Durchbrechung des ökonomischen Kreislaufes ankommt. Als *cultus-potlatch* respektive *free gift* wird er im Sinne des *given for nothing* beschrieben, und schließlich erscheint der Potlatch – neben seiner in der Erwartung eines *return gift* verwendeten Bedeutung von *to give*[71] – als ein im Namen der Vorfahren[72] beziehungsweise zum eigenen Positionsvorteil inszeniertes Fest der Zerstörung von Reichtümern.[73] Angesichts der ungesicherten Referenz dieser Institution hätte man auf das Wort und die Kategorie des Potlatch konsequenterweise überhaupt zu verzichten, wäre diese zeremonielle Institution, die bis zum Jahre 1951 gesetzlich verboten bleibt, heute nicht ein entscheidendes Element indianischer Identität (BKp 41).

Vielleicht aber ist es nicht ganz falsch, die von Mauss als »Monströsität« wahrgenommene Exzessivität des Potlatch, die als *business-potlatch* die gemäßigte Praxis des traditionellen Potlatch verdrängt zu haben scheint, als indianische Interpretation und Aneignung des geprägten Münz- und Papiergeldes, der europäischen Güter und Fabrikate der industriellen Epoche des kolonialen Kapitalismus zu begreifen. Der Potlatch ist diejenige lokale Institution, mit deren Hilfe die *Neureichen* der von massiven Veränderungen betroffenen indianischen Gesellschaften um 1900 ihren je eigenen Umgang mit den durch Jagd und Tauschhandel erworbenen Reichtümern und dem Kapital der europäischen Kolonialisten etablieren. Es handelt sich um die traditionelle Handhabung neuer Reichtümer, die nicht gehortet, sondern verschwendet werden, um einen rituellen Umgang also mit fremdem Geld, das nicht reinvestiert oder zum Kauf nützlicher Dinge ausgegeben, sondern als Prestige- und »Renommiergeld« (DG 87) eingesetzt wird. Und in diesem Sinne kann der von Boas und Hunt beschriebene Potlatch als ein Kipp- und Vexierbild jenes »luxurierenden«, aristokratischen und konsumorientierten Kapitalismus angesehen werden, wie ihn etwa Sombart in den kulturellen Zentren der europäischen Großstädte des 17. und 18. Jahrhunderts ausfindig gemacht zu haben glaubte: dort, wo die in den Kolonien »geraubten« Rohstoffe und die auf dem Lande erwirtschafteten Produkte, die erbeuteten Gewinne und Renten namentlich von den weiblichen Konsumenten der gehobenen Schichten nutzlos »verzehrt« worden seien, nicht ohne damit zugleich den kapitalistischen Wettbewerb und das Wachstum anzuheizen und sich so als bedeutender dynamischer Faktor für die »Genese des Kapitalismus« zu erweisen.[74]

Wenn Mauss nun aber die zerstörerischen Wucherungen dieses Potlatch als »Wahnsinn« verurteilt, so tut er dies gewiss nicht aus der Perspektive eines protestantischen oder calvinistischen »Geistes«, dem die ruinöse Verschwendung von Reichtümern als ökonomische Unvernunft und Gotteslästerung erscheinen will. Ihm ist es vielmehr darum zu tun, die Exzesse der Zerstörung zu begrenzen, damit die integrative und allianzstiftende Kraft des Gabentausches nicht zu Schaden kommt. Das Ideal eines Potlatch, der nicht erwidert werden kann, birgt die Gefahr der Dissoziation, der Feindschaft und des Krieges.

Das »deutliche Bild« der bei den Maori oder Trobriandern kulturell so unterschiedlich ausgebildeten »Gabensysteme« stützt sich für Mauss auf das Wissen um seine Frieden und Bündnis erhaltende Kraft. In den unterschiedlichen Darstellungs- und Ausdrucksformen der Gabe zeichnet sich für Mauss das »Gefühl« einer allumfassenden gegenseitigen »Schuld« ab: »Der permanente Einfluss der getauschten Dinge« spiele auf nichts anderes an als auf »die Art und Weise, wie die Untergruppen segmentärer Gesellschaften archaischen Typs ständig ineinandergreifen und fühlen, dass sie einander alles schulden« (DG 59) und einander alles geben müssen. In einer ähnlichen Bewegung wie Nietzsche, der die Möglichkeit und Entstehung moralischer Schuld genealogisch mit den ökonomischen Schulden verbindet,[75] ist für Mauss die Gabe ein kulturelles System materieller und immaterieller Schulden, die in ihrer Unbegleichbarkeit und Unabzahlbarkeit ein beinahe unverwüstliches, aus Schuld und Erwiderungspflicht gestricktes Beziehungsgeflecht knüpfen. Es ist dieselbe Geste, mit der Mauss das einseitige Almosen, die reine Gabe, die Gnade, das christlich-moralische Selbstopfer und den unerwiderbaren Zerstörungs-Potlatch zurückweist: Sie alle zerschneiden das assoziative Band und pazifizierende Bindegewebe der Erwiderung, kurz: die Fremderfahrung der je anderen Sache und Person.

Das aber ist es, was Bataille im Potlatch sucht: die restlose Zerstörung der Reichtümer, die so maßlos ist, dass sie durch keinen gegnerischen Potlatch mehr überboten werden kann. Bataille adressiert mit der von ihm skizzierten »Theorie des Potlatch« nicht die jeweils fremde Gabengesellschaft und die Möglichkeit der Bildung und Unterhaltung von Sozialität, sondern eine allgemeine Bewegung des Lebens und der Energie, die den Egoismus und das Interesse des Einzelnen »zwangsläufig« überfluten, da sie den Gesetzen einer allgemeinen Ökonomie entsprechen (VT 107). Mit anderen Worten sucht er den durch die Dynamik der kolonialen Situation freigesetzten »Wahnsinn« des Potlatch, der ihn als eine »komplementäre Form« des Opfers erscheinen lässt (VT 108). Kann das vom Opfer beherrschte Denken Batailles behaupten: »Von der Frage des Opfers muß notwendig gesagt werden, daß es die letzte Frage sei«,[76] so bildet das exzessive Opfer, das dem gewaltsamen Tod eine Bühne baut, für ihn jenes letzte Maß, an dem der Potlatch gemessen zu werden verlangt (VT 98). Denn die Gewalt, auch und gerade die Gewalt des Kreuzopfers Christi, die die »perverse« Vorstellung eines tötenden Gottes impliziert, »reinigt« nicht nur »die Liebe von jeder Bedingung«: »Die Zerstörung beunruhigt zutiefst und reinigt so die Souveränität selbst.«[77]

Wie die Komödie des Opfers, so scheint auch der Potlatch nicht frei zu sein von einem grundlegenden »Widerspruch«, der die »Wahrheit des Überschwangs« (VT 109) korrumpiert. Batailles »Theorie des Potlatch« ist daher zugleich eine Kritik seiner »Ambiguität«, die der Denunziation der opferökonomischen Logik des *do ut des* in mehr als nur in einer Hinsicht entspricht und dabei die Ethik der Gabe des Matthäus-Evangeliums (6, 3) aufruft: »Es genügt unserer linken Hand nicht, daß sie weiß, was die rechte tut; auf gewundene Weise versucht sie es sogar zurückzugewinnen.« (VT 105) Um jedes Kalkül auf Gewinn, Dank oder Belohnung durch den Verlust des Geschenks als Motiv des Schenkens auszuschließen, fordert die evangelische Ethik der Gabe das Geheimnis ihrer selbst. Die »echte Verzehrung«, die die Möglichkeit der symbolischen Gratifikation durch Andere ebenso wie die narzisstische Identifizierung mit der eigenen Freigebigkeit ausschließt, muss demnach nicht nur »eigentlich einsam geschehen«, sondern auch auf selbstverborgene Weise (VT 100). Auch wenn es sich bei Bataille nicht um Wohltaten und Almosen im Zeichen der Nächstenliebe handelt, so bewegt sich die Kritik des Potlatch doch zweifellos im Horizont eines christlichen Imperativs der Gabe, der seinen Platz in einer allgemeinen Ökonomie findet.

Dass das letzte Ziel des agonalen Potlatch nicht im Erwerb von Gütern, sondern in der Vergeudung nützlicher Reichtümer besteht, kann Bataille vorbehaltlos unterschreiben. Vom Gesichtspunkt der allgemeinen Ökonomie, der die reine Verausgabung der höchste Maßstab ist, muss der Potlatch jedoch als widersprüchlich erscheinen. Die souveräne Macht des Verlustes, die sich im Potlatch zum Ausdruck bringt, zielt nämlich nicht auf den Verlust der Macht, sondern auf den symbolischen Gewinn und institutionellen Zuwachs von Prestige, Ruhm und Rang. Die Überschreitung, die das Subjekt mit dem Schenken, Verlieren und Vernichten vollzieht, wird durch den Erwerb von Titeln, Privilegien und Rängen erneut in die Grenzen des Subjekts hineingeholt: Einerseits liegt im Potlatch die Möglichkeit und »exemplarische Kraft [...], die grenzenlose Bewegung des Universums mit der eigenen Begrenztheit zu verbinden« (VT 101). Andererseits verfällt die Existenz des Subjekts einer Zweideutigkeit, sofern von der »Negation des Gebrauchs zweckdienlicher Güter« ihrerseits ein zweckdienlicher Gebrauch (VT 105), die Verschwendung zum Gegenstand einer Aneignung gemacht wird. Bataille stellt der »offensichtlichen Komödie« (VT 106) des Potlatch die eindeutig explosive Situation einer souveränen Verausgabung entgegen, in der ein »interessenloses« Subjekt sich selbst und seine Schätze zwecklos verliert.

Was Mauss als Charakteristikum des pazifischen Gabentausches erscheinen wollte, die »hybride« Mischung aus Interesse und Interesselosigkeit, Gewinnstreben und Freigebigkeit, die nicht nur mit der »individualisierten reinen Interessenökonomie« (DG 134) streitet, sondern auch mit einer moralischen Gesetzgebung in jener Form des Kategorischen Imperativs, welche dem Einzelnen das bedingungslose »Opfer« seiner sinnlichen Neigungen auferlegt (DG 142), das will Batailles evangelische Kritik des Potlatch vereindeutigen: Hebt sie doch auf eine von Eigeninteressen, Kalkül und Gewinnstreben gereinigte »Gabe ohne Hoffnung auf Profit« ab, die »allein [...] die gegenwärtige Welt aus der Sackgasse befreien«[78] könnte. Doch steht es uns etwa frei, nicht zu gewinnen? Selbst die allgemeine Ökonomie Batailles stellt noch ein heilloses Heil, das »Nichts der Souveränität« im heliotropen Akt der Verschwendung, in Aussicht,[79] und bleibt selbst in dieser heidnischen Verschiebung dem paulinischen Verständnis von Souveränität treu: »Gott liebt den, der mit Freude gibt. Gott vermag es, jede Gnade in euch in Überfluß zu bringen, damit sie in allem absolute Souveränität hat und ihr überbietet jedes gute Werk.« (2 Korinther 9,7 f.)[80]

3. Die allgemeine Ökonomie der Sonne

Der Mensch, so behauptet Bataille im Gefolge von Nietzsche, ist kein Mangel-, sondern ein Überflusswesen. Und in Anlehnung an Freud stattet er ihn nicht nur mit einem Todes- und Destruktionstrieb, sondern auch mit einem Verlusttrieb aus. Diese durch unterschiedliche kulturelle Praktiken und ökonomische Systeme festgestellte Natur des Menschen ist unveränderbar, und diese (mit Nietzsche unvereinbare) anthropologische Konstante gilt für Bataille selbst dann, wenn die menschliche Verlustnatur gehemmt, aufs Sparen, Reservieren, Aufschieben, Horten, Erhalten, Produzieren und Erwerben verpflichtet wird. Auch eine restriktive Ökonomie kann sich daher das Opfer und die zerstörerische Verschwendung nicht ersparen. Der *homo oeconomicus* ist eine neuzeitliche europäische Erfindung, die die menschliche Geburtsausstattung zwar zu pervertieren vermag, doch ohne sie restlos auf Abwege bringen zu können. Bataille unterscheidet zwischen passiv-zwangsläufigen und aktiv-selbstgestalteten Formen der Verausgabung, mittels deren er zugleich auf eine Unterscheidung zwischen schlechten und guten Modalitäten der Verschwendung zielt. Die freie und folgenlose Verschwendungsaktivität steht indes nicht nur im Einklang mit der menschlichen Natur; sie setzt auch die energetische Verlusttätigkeit der Sonne fort – dieser großen und einseitigen Geberin, die ihre Energie ohne Berechnung an das Universum verliert – und steht damit im Einklang mit dem gesamten Kosmos. »Die Sonnenenergie, die wir sind, ist eine Energie, die sich verliert. Verzögern können wir das wohl, aber die Bewegung, die will, daß sie sich verliert, können wir nicht aufheben.«[81]

Wir existieren, um (uns) zu verschwenden,[82] so ließe sich der eigentliche Richtungssinn skizzieren, den Bataille dem menschlichen Dasein verleiht, weshalb auch die Bedeutung aller Reichtümer und Güter (die »wesentlich Energie« sind)[83] darin aufgeht, dieser existenziellen Bestimmung zu entsprechen, die sich so im fulminanten Glanz der Sonne spiegeln und wiederfinden kann. Seinen geschärften Sinn für die allgemein-ökonomische Dimension der Verausgabung, der gegenüber Produktion und Erwerb zweitrangig sind, verdankt Bataille »den ökonomischen Einrichtungen der Primitiven«, namentlich eben dem Potlatch (VT 16), dem er die »beschränkte Ökonomie« der westlichen Wirtschaftssysteme, den maßlosen Verwertungszwang des Kapitals, wie Marx sagen würde, gegenüberstellt. Für Bataille vollzieht sich in dem (auch erkenntnistheoretischen) Übergang von der »beschränkten« zur »allgemeinen Ökonomie« nichts Geringeres als eine »kopernikanische Wende« (VT 50). Seine Kritik der »beschränkten Ökonomie«, deren reduktive Kategorien in der (Re-)Produktivität, Nützlichkeit, Zweckmäßigkeit und Effektivität bestehen, ist erst auf der Grundlage jener »allgemeinen Ökonomie« möglich, die in der Sonnenenergie ihr kosmologisches Paradigma findet. Die Sonne, die ohne Gegengabe in ständiger Freigebigkeit ihre Energie an das Universum abgebe, veranlasse nicht nur alles Wachstum schlechthin; sobald das Wachstum an eine Grenze stoße, werde darüber hinaus ein Überschuss an Sonnenenergie freigesetzt, der sich sinn- und zwecklos verschwende (VT 53 ff.). Die westliche Ökonomie, die im Unterschied zur »allgemeinen Ökonomie« nicht zuletzt auch deshalb als beschränkt angesehen werden müsse, weil sie ihr Telos in der (Re-)Produktion finde und noch ihre Wachstumsüberschüsse zu reinvestieren trachte, sei der »allgemeinen Ökonomie« jedoch unausweichlich unterworfen. Das zeigt sich für Bataille in Gestalt passiver Verausgabungen, die die katastrophale Rückseite der verdrängten allgemeinen Ökonomie darstellten. Mit zunehmendem Wachstum der Produktion und der gesellschaftlichen »Verfemung« der Verausgabung würden Überschüsse erzeugt, die nicht mehr absorbiert werden könnten und sich in verhängnisvollen Explosionen (in Kriegen, Arbeitslosigkeit, Umweltzerstörungen) entlüden (VT 58 ff.). Bataille macht demgegenüber die von ihm entworfene »Heterologie« für die Untersuchung von gegenwärtig »verfemten« (exzessive Sexualität, Drogenkonsum), aktiven (Luxus, Kunst, Poesie, Spiel) und sozialen Formen (Revolution, Revolte) der Verschwendung und, wie gesehen, für die Untersuchung von vergangenen Opferökonomien und fremdkulturellen Verschwendungsökonomien zuständig. All diese Formen »unproduktiver Verausgabung« werden von Bataille in letzter Konsequenz daraufhin geprüft, inwieweit sie eine aktive Mimesis der rückkehrlosen und strikt einseitigen Verausgabung der Sonnenenergie darstellen und kraft dieser menschlichen Partizipation an der kosmischen Verschwendung einen Übergang zu einer neuen Dimension von »Intimität« und »Souveränität« bahnen. Die allgemeine Ökonomie entkommt freilich, sobald sie der Faszination des Opfers im Glanz der Sonne erliegt,[84] ihrerseits nicht der Berechnungsfalle eines quasireligiösen oder metaphysischen Heils, stellt sie doch mit den Modalitäten der aktiven Verausgabung eine Art kosmischen Gewinn, ein ausnehmend problematisches Einssein des Menschen mit sich in der intimen Gemeinschaft und dem großen Ganzen in Aussicht (VT 46 f.) – auch und gerade sofern es darum geht, sich rettungslos zu verlieren.

Streng genommen hat man es bei Batailles allgemeiner Ökonomie nicht mit einer Kulturtheorie der Gabe, sondern mit einer Anthropologie und Kosmologie der Verausgabung zu tun. Sie orientieren sich am maßlosen Maß der Sonne und sind einem Opferdispositiv unterworfen, dem Bataille das Prinzip der gewaltsamen Zerstörung und des »reinen Verlustes« (VT 50) unterstellt. Gibt es auf Erden ein Maß? – ist man mit Hölderlin versucht zu fragen. Im Bereich der kulturellen Praktiken und Institutionen (die ökonomischen inklusive) trifft man, wie Bataille indes selbst eingesteht, niemals auf eine »ausschließlich produktive Verausgabung und praktisch nicht einmal [auf] eine reine unproduktive Verausgabung« (VT 39). Reine Produktivität und restlose Verausgabung sind vielmehr Limesgrößen – die eine ist ebenso tödlich und zerstörerisch wie die andere. Ist der Verlust »im konkreten Leben« genauso wenig zu vermeiden wie der Gewinn, so erweist sich der Bereich der Kultur als eine »Mischungs-

Mitte«[85] von Verlust und Gewinn, Freigebigkeit und Eigeninteresse, als jener ökonomisch-nichtökonomischen *mélange* also, die für Mauss das Entscheidende der Gabe darstellt und hinter Batailles Begehren nach exzessiver Maßlosigkeit zurückbleibt. In diesem Sinne gibt es im Bereich der pazifischen Kulturen kein Außerhalb der Gabe: »In all diesen Gesellschaften ist man darauf bedacht, zu geben. Es gibt keine einzige Gelegenheit [...], wo man nicht verpflichtet wäre, seine Freunde einzuladen, um mit ihnen die Jagd- oder Sammelbeute zu teilen, welche die Götter oder Totems gesandt haben, und wo man nicht verpflichtet wäre, alles an sie zu verteilen, was man bei einem Potlatch erhalten hat, oder sich durch Gaben für jedweden Dienst erkenntlich zu zeigen.« (DG 73f.)

IV. Claude Lévi-Strauss: Gabe, Frauentausch und Reziprozität

»Die Schwester selbst ist ein Garnknäuel, das entrollt, die Straße erschafft, die zu fernen Gegenden führt.« (ESV 366)

Die auf das Prinzip der Gegenseitigkeit reduzierte Gabe steht bereits im Zentrum von Lévi-Strauss' bahnbrechenden Untersuchung über *Die elementaren Strukturen der Verwandtschaft*. Daher kann es nicht verwundern, dass er wenig später auch in seiner ambivalenten *Hommage* an Marcel Mauss, in der er paukenartig seine Theorie vom symbolischen Ursprung des Sozialen in Stellung bringt, die »antithetischen Operationen« (ESV 187) des Gebens und Nehmens zugunsten des synthetischen Charakters des Tausches und des Reziprozitätsprinzips einzieht. Als »unbewußte mentale Strukturen des Geistes« (EWM 31) glaubt Lévi-Strauss, die Logik des Tausches und der Gegenseitigkeit in den unterschiedlichsten kulturellen Systemen und Sprachen zum Aufweis bringen zu können. Damit aber scheint er in der Tat, wie Derrida betont, die Frage und »Möglichkeit der Gabe selbst annulliert« (FZ 103) und die von Mauss mit dem steten Risiko des Scheiterns und der Nichterfüllung behafteten Verpflichtungen des Gebens, Nehmens und Erwiderns durch die Logik des Äquivalententausches und des Ausgleichs[86] ersetzt zu haben.

Gleichgültig, welche kulturellen oder genauer: symbolischen Systeme Lévi-Strauss jeweils untersucht – Verwandtschaftssysteme, die als totemistisch bezeichneten Benennungs- und Klassifikationssysteme, die mythische Küche, die Mythen oder Künste Süd- und Nordamerikas –, immer ist er auf der Suche nach untrüglichen Beweisen dafür, dass wir nicht frei sind zu denken, sondern dass das kategoriale Unbewusste von universellen Strukturen bestimmt wird, unter denen die Gegensatzbeziehung als jene »erste aller Gegebenheiten«[87] herausragt, welche uns mit den Anderen, den anderen Kulturen und der außerhalb von uns befindlichen Natur verbindet. Im Gefolge von Marx, Durkheim, Freud und Saussure stilisiert Lévi-Stauss seine Untersuchungen zu einer »objektiven Kritik« (EWM 31) des (über sich selbst getäuschten) Bewusstseins, die diesem »ein anderes Objekt«, nämlich das des Unbewussten zuführt. Es versteht sich von selbst, dass wir es hierbei weder mit dem Freud'schen Unbewussten noch auch mit dem Unbewussten Lacans zu tun haben, auch wenn Lacan im Fahrwasser von Lévi-Strauss die Losung ausgegeben hatte, dass das Unbewusste strukturiert sei *als* beziehungsweise *wie* eine Sprache.[88] Unbewusst sind diese als Sprache zu denkenden Strukturen und Transformationen für Lévi-Strauss nicht zuletzt deshalb, weil die Sprache als »menschliche Vernunft« zwar »ihre Gründe hat«. Doch es handelt sich um Gründe, »die der Mensch nicht kennt« (WD 290).

Lévi-Strauss hat nicht nur vielfach betont, den Strukturbegriff von Marx und Engels entlehnt,[89] sondern sich auch die Marx'sche Erkenntnismethode zu eigen gemacht zu haben, um in einer »ethnographischen Reduktion« (WD 285) eines komplexen »Typus« von »Realität« – der mit seiner sichtbaren und zugleich trügerischen Oberfläche die Akteure hinters Licht führt – auf einen anderen Typus oder genauer: auf ein einfaches Modell zur wahren Realität der Dinge vorzudringen.[90] Lévi-Strauss rechtfertigt seinen antiphänomenologischen Objektivismus mit einem geradezu platonisch anmutenden Rückgriff auf den Marxismus, wenn er den struktural konstruierten Modellen »die einzig wahre Realität« zuspricht. Die Wahrheit und exklusive Realität der Modelle[91] stehe in einem unüberbrückbaren Hiatus zu den bewussten Selbstexplikationen der Akteure und jenen sozialen Widersprüchen, in denen sie jeweils befangen seien: »die Überbauten sind sozial ›erfolgreiche‹ Fehlleistungen« (WD 292). Es ist indes ein Glück für die ethnografischen Skizzen von Lévi-Strauss, dass er seinen eigenen programmatischen Forderungen nicht immer entsprochen und den theoretischen Selbstaussagen der *natives* durchaus Glauben geschenkt hat. Dieses Glück könnte sich womöglich auch als eine Chance für die Gabe und ihre kulturellen Implikationen erweisen. Daher soll im Folgenden die Fassade des linguizistischen und tauschorientierten (FZ 103) Strukturalismus auf Risse sowie daraufhin untersucht werden, ob und wenn ja, wo das Scharnier der relationalen Logik des reziproken Tausches durch eine Logik des Überschusses und der Asymmetrie, wenn nicht gar durch ein Gaben-Ereignis im Mauss'schen Sinne aus den Angeln gehoben wird. Dazu bieten sich jene inoffiziellen und abseits von der Hauptstraße der strukturalen Anthropologie erschienenen »leichtgewichtigen« Texte an, in denen sich Lévi-Strauss, wie etwa in dem 1951 in *Les temps modernes* veröffentlichten *Der hingerichtete Weihnachtsmann*[92] oder in dem 1955 in *The Unesco courier* publizierten *How the gift idea startet*, der Analyse von Gabenfesten, europäischer sowohl als auch nicht-europäischer, zuwendet.

Aber auch die Oberfläche der Hauptwerke und der dem Strukturalismus zugehörigen Aufsätze wirkt mitunter porös und gibt den Blick auf die Beschreibung von Gabeszenen und -praktiken frei, die sich in der Nachdrücklichkeit ihrer Beschreibungen nicht, zumindest nicht ohne Weiteres, auf jene quasi-transzendentalen Prinzipien und unbewussten Kategorien zurückführen lassen, die das »geistige Leben aller Menschen zu allen Zeiten«

(EWM 13) bestimmt haben sollen. Diese Beschreibungen haben die Ungesichertheit und Riskanz des Ereignischarakters der Gabe vielmehr bewahrt, so dass sich der Kreiszyklus der Gegenseitigkeit nicht nach Art eines Naturgesetzes und in einer nach den Kalkülen der Wahrscheinlichkeitsrechnung zu antizipierenden Weise zu schließen vermag.

1. Winterfeste – Gabenfeste: oder die Asymmetrie innerfamiliärer Gaben

Für Lévi-Strauss beruht der praktizierte Gesellschaftsvertrag, der eine jede Gesellschaft zusammenhält und zugleich die Differenz zwischen Natur und Kultur markiert, nicht auf Nutzen, Eigeninteresse und Kalkül, sondern auf einem doppelten Ungleichgewicht zwischen Geben und Nehmen. So heißt es in *Die elementaren Strukturen der Verwandtschaft*:

> »Der Bereich der Natur ist dadurch gekennzeichnet, daß man hier nur gibt, was man erhält. Das Phänomen der Vererbung bringt diese Stetigkeit und Kontinuität zum Ausdruck. Im Bereich der Kultur dagegen erhält das Individuum stets mehr, als es gibt, und gleichzeitig gibt es mehr, als es erhält. Dieses doppelte Ungleichgewicht kommt in den Prozessen der Erziehung und der Erfindung zum Ausdruck, die einander gegenüberstehen und beide mit dem Prozeß der Vererbung kontrastieren.« (ESV 78)

Der zweifache und überkreuzte Überschuss von Geben und Nehmen – mehr nehmen, als man gibt, und mehr geben, als man empfängt – macht sich im Bereich der Intergenerativität in besonderem Maße bemerkbar und befruchtet insbesondere Lévi-Strauss' Interpretation der europäischen Winterfeste und der Heischebräuche der Hopi-Indianer. Zwischen beiden Riten macht er eine frappierende Ähnlichkeit ausfindig. Im Gabentausch einer in Kinder und Erwachsene geteilten Gesellschaft sieht Lévi-Strauss den doppelten Überschuss von Geben und Nehmen am Werk. Damit bezeugen die bei den Hopi und Europäern ausdrücklich als Gabenfeste inszenierten und deklarierten Riten »Denk- und Verhaltensweisen«, die »in den Umkreis der allgemeinsten Bedingungen des Lebens-in-Gesellschaft gehören« (DhW 181).

In dem wenig bekannten Text *Der hingerichtete Weihnachtsmann*[93] versucht sich Lévi-Strauss an einer Erklärung der Figur des Weihnachtsmannes und der vergessenen europäischen Mythen der Winterfeste aus der Perspektive der Gabenfeste, Initiationsrituale und des *Katchina*-Mythos der Hopi-Indianer. Eine erste Analogie zwischen den Winterfesten europäischen und indianischen Typs zeigt sich darin, dass es sich in beiden Fällen um Maskenfeste handelt, bei denen entweder maskierte Erwachsene oder aber verkleidete Kinder auftreten. Der Mythos der Hopi

»besagt, daß die *katchina* die Seelen der ersten Eingeborenenkinder sind, die zur Zeit der Wanderungen der Vorfahren auf dramatische Weise in einem Fluß ertranken. Die *katchina* sind also gleichzeitig Beweis des Todes und Zeugnis für das Leben nach dem Tod. Aber mehr noch: Als die Ahnen der gegenwärtigen Indianer sich endlich seßhaft in ihrem Dorf eingerichtet hatten, erzählt der Mythos, kamen die *katchina* alljährlich zu Besuch und nahmen beim Abschied die Kinder mit. Die Einheimischen, verzweifelt darüber, ihre Nachkommen einzubüßen, listen den *katchina* die Einwilligung ab, im Jenseits zu bleiben, und zwar im Tausch gegen das Versprechen, sie jedes Jahr mit Tänzen und Masken symbolisch zu repräsentieren. Wenn die Kinder vom Geheimnis der *katchina* ausgeschlossen werden, so geschieht das also nicht in erster Linie, um sie einzuschüchtern. Ich neige sogar dazu zu sagen, aus dem umgekehrten Grund: weil nämlich in Wahrheit sie die *katchina* sind, weil sie die Wirklichkeit repräsentieren, mit der die Mystifikation eine Art Kompromiß schließt. Ihr Platz ist anderswo: nicht bei den Masken und den Lebenden, sondern bei den Göttern und den Toten; bei den Göttern, die die Toten sind. Und die Toten sind die Kinder.« (DhW 177f.)

Hinter der Gabenbeziehung zwischen den Kindern und Erwachsenen vermutet Lévi-Strauss, und zwar aus der Perspektive des indianischen Mythos, auch für die europäischen Gabenfeste eine rituelle Beziehung zwischen den Toten und den Lebenden (DhW 179), wobei die über-initiierten Toten, die bereits alle Initiationen (Geburt, Pubertät, Hochzeit, Vater- beziehungsweise Mutterschaft, Begräbnis, Tod) durchlaufen haben, einmal durch die nicht-initiierten Kinder verkörpert werden: Als Skelette oder Phantome verkleidet, repräsentieren sie die maßlosen Toten, wenn sie zu Allerheiligen, Dreikönige oder Halloween die Erwachsenen zu kleinen Geschenken nötigen und sich wie gebieterische, exzessive Nehmer verhalten, die nehmen, ohne zu geben (DhW 185 f.). Die Rollen müssen allerdings auch getauscht werden: Die als Weihnachtsmänner maskierten Erwachsenen benehmen sich (als zukünftige Tote und bereits Initiierte) ebenfalls wie die Toten, sofern sie die Kinder, die nunmehr ihren Platz bei den (noch lange, also überschüssig) Lebenden finden, in dem Glauben lassen, dass ihre Süßigkeiten und »Spielsachen aus dem Jenseits kommen« (DhW 188). Die Erwachsenen verkörpern freilich die großzügigen, die verschwenderischen Toten, die die Kinder mit Geschenken überschütten, ihre Lebendigkeit, ja die »Süße des Lebens« preisen, und nur geben, ohne zu nehmen. Dieses doppelte Ungleichgewicht von Nehmen und Geben in den rituellen Beziehungen zwischen Kindern und Erwachsenen, Toten und Lebenden, stiftet, »psychologisch betrachtet«, ein Art Ausgleich zwischen den sozialen Gruppen.

Auffällig ist bei diesem Wechselspiel der Rollen jedoch, dass die Toten einmal diejenigen sind, die beschenkt werden müssen – nicht nur, um ihre dämonische Wiederkehr zu verhindern, sondern auch, um sie in ihrer Einsamkeit zu erreichen und in die Gemeinschaft der Lebenden einzubinden. Sie sind darüber hinaus aber auch diejenigen, die sich als generöse Schenker erweisen und in den mehr und mehr auf Nutzenkalkül basierten westlichen Gesellschaften, zumindest für ein kurzes Intervall, den Glauben an eine »Großzügigkeit ohne Kontrolle, an eine Freundlichkeit ohne Hintergedanken« (DhW 188) wachhalten. Bemerkenswert ist ferner, dass es in jedem Rollentausch jeweils die Erwachsenen sind, die den Kindern überreichlich Geschenke machen, ohne ihrerseits welche zu erhalten. »Soziologisch betrachtet« kommt demnach gerade kein Ausgleich zwischen den sozialen Gruppen zustande (es sei denn im Wechsel der Generationen): Die Toten treten gegenüber den Lebenden zugleich als exzessive Nehmer und als großzügige Geber in Erscheinung; hinter den Kulissen aber erweisen sich in allen Fällen die Erwachsenen als tüchtige Geber. Geber sind sie indessen nicht nur im materiellen Sinne, da sie für die Kinder (als Teil ihrer Erziehung) kostspielige Gabenrituale erfinden. Auch wenn sie selbst im Übrigen nicht (mehr) an besagte Mythen und Riten glauben, so suchen sie deren Ansehen jedoch »bei den Kindern unangetastet aufrechtzuerhalten«, um mithilfe dieses »Alibis« ihren eigenen Wunsch nach einem gemäßigten Aberglauben, nach einer Gabe ohne Berechnung und nach Kontakt mit den verlorenen Toten zu befriedigen, um in Gestalt ihrer verschwenderisch mit dem Geschenk des Lebens bedachten Kinder gerade »nicht zu sterben« (DhW 188). Die Weihnachts- und Winterfeste wären demnach nicht nur Gabenfeste, sondern auch vergessene, aber weithin praktizierte Totenkulte, in denen die soziologischen Rollen der Erwachsenen gegenüber den Kindern, der Lebenden gegenüber den

Toten und *vice versa* jeweils rituell neu festgelegt (aus Kindern werden Erwachsene und Tote), erprobt und habitualisiert werden. Denn für Lévi-Strauss leidet es keinen Zweifel, dass die mit den europäischen Gabenfesten zusammenhängenden Glaubensinhalte und Rituale teilhaben an einer »Soziologie der Initiation« ins Kindsein, Erwachsensein und in ein zukünftiges Totsein (DhW 179), die ein jeder in der Spanne zwischen Geburt, Kindheit, Pubertät, Heirat, Elternschaft, Bestattung und Tod zu durchlaufen hat. Ist es die Rolle der Kinder, mehr zu nehmen, als zu geben, und die Rolle der Erwachsenen im Gegenzug, mehr zu geben, als sie (von den Kindern) erhalten, dann erweisen sich die Gabenrituale als *rites de passage* in dasjenige, was es in einer Gesellschaft Tag für Tag heißt, Erwachsener oder Kind zu sein.

Halten wir fest: Die periodisch wiederkehrenden Weihnachts- und Winterfeste sind für Lévi-Strauss rituelle Inszenierungen des Begehrens und der alltäglichen Praxis einer Gabe ohne kalkulierende Berechnung auf Gegenseitigkeit. Dabei handelt es sich – wie man gegen Lévi-Strauss' kritische Aufklärerattitude einwenden muss, die sich auch in diesem inoffiziellen Text für einen Augenblick Bahn bricht – gerade nicht um »illusionäre« (DhW 188) Praktiken der Großzügigkeit. Denn »soziologisch betrachtet« kommt gerade kein Äquivalententausch zwischen Kindern und Erwachsenen zustande, weder im expliziten Gabenritual des Weihnachtsfestes noch auch in den impliziteren Gabenpraktiken einer in Kinder und Erwachsene geschiedenen Gesellschaft: Es steht vielmehr das doppelte und überkreuzte Ungleichgewicht zwischen Geben und Nehmen, zwischen dem Überschuss und Mangel an Initiation auf dem Spiel, das zwischen Eltern und Kindern zu keinem reziproken Ausgleich gebracht werden kann. Der innerfamiliäre und intergenerative Gabentausch ist diskontinuierlich, einseitig und asymmetrisch; die Gegenseitigkeit der Gaben erfüllt sich bestenfalls um eine Generation verschoben, in einem indirekten Tauschmodus, und dies auch nur, sofern aus den einstigen Kindern selbst Eltern werden.

2. Auf der Schwelle von Natur und Kultur

In seinem zwei Jahre zuvor erschienenen Werk *Die elementaren Strukturen der Verwandtschaft*, das Lévi-Strauss zwischen 1943 und 1947 während seines New Yorker Exils verfasst hat, steht dieser große Stilist immer dann im Bann von Marcel Mauss' *Essay über die Gabe*, wenn er Situationen schildert, in denen Fremde unter Bedingungen eines nicht kristallisierten sozialen Lebens aufeinander treffen. Überall dort, wo Sozialität, wie in Krisen- oder amorphen Situationen, kurz: wo Sozialität *in statu nascendi*, aufgrund spontaner Ereignisse und aus kontingenter Notwendigkeit entsteht, erweist sich die Gabe in Ermangelung »fix und fertiger Integrationsformeln« (ESV 116) als diejenige kulturelle Praxis, die »durch eine Reihe alternierender Schwingungen ein Geflecht zarter sozialer Bindungen« spinnt und damit eine »Grundsituation« (ESV 117, 94) in Bezug auf die Bildung und Unterhaltung von Intersubjektivität exponiert. Ein solcher, an den »noch frischen Spuren« des sozialen Lebens angelegter »mikroskopischer Maßstab« gibt nicht nur den Blick auf die Gabe als »›totale soziale Tatsache‹« frei (ESV 117); er erweist sich auch als verallgemeinerungs- oder besser: vergrößerungsfähig im Hinblick auf bereits eingespielte und etablierte Formen des sozialen Lebens, der Interaktion und Interpassion, die ihrerseits durch die kulturelle Praktik der Gabe beständig neu konstituiert und unterhalten werden müssen. In diesem Sinne befindet man sich in Bezug auf Sozialität stets in einem Verhältnis zu ihrer Ausgangssituation, in der sich jeweils eine Kultur und »Leidenschaft für die Gabe« (ESV 110) bezeugt. Sie lässt, und sei es auch nur in ephemerer Weise, an die Stelle des bloßen »Nebeneinander« ein »Miteinander« (ESV 117) treten.

Mit den von Lévi-Strauss in diesem Zusammenhang aufgezählten europäischen Praktiken der Gabe – Einladungen, Feste und Geschenke – sucht er dem Missverständnis entgegenzutreten, dass es sich dabei um historische Überreste und Überlebsel einer primitiveren Form der Stiftung von Sozialität handeln könnte, die rationaleren und ökonomischeren Formen hätte weichen müssen und daher für eine soziologische Analyse moderner Gesellschaften und Kulturen zu vernachlässigen sei.

Woher und woran rührt »die Abneigung eines Bauern aus Frankreich, sein Fläschchen Wein für sich allein zu trinken« (ESV 118 f.), fragt Lévi-Strauss. Warum wird das »Gewissen« des Besitzers einer Flasche Champagner, eines »alten Weines, eines seltenen Likörs, einer Gänseleberpastete [...] mit der stummen Forderung anderer [gepeinigt]«, diese Delikatessen nicht allein zu verzehren, zumindest nicht »ohne ein dumpfes Schuldgefühl zu empfinden«? (ESV 112) Aus welchem Grund schenkt man sich in der Regel nicht selbst so überflüssige und nutzlose Dinge wie Blumen, Süßigkeiten, Parfum und andere Luxusartikel, sondern in erster Linie und in zeremonieller Spontaneität denjenigen, die man liebt und denen man sich zu Dank verpflichtet weiß?

Mauss führt den Zwang und die Verpflichtung zu geben genealogisch auf die Besessenheitserfahrung der mit der fremden Person vermischten Sache im Ereignis der Übergabe selbst zurück. Für Lévi-Strauss rührt die Sozialität stiftende Kraft der Gabe hingegen in letzter Konsequenz nicht von dem performativen Ereignis ihrer selbst im Kontext einer Kultur der Gabe her. Er beansprucht vielmehr, über die von Mauss »so kraftvoll gebahnten« (ESV 18) Wege hinauszugehen, um hinter den kulturell verschiedenen Gabensystemen, der Heterogenität der Geschenkpraktiken, Glaubensvorstellungen und lokalen Selbstdeutungen »eine zugrundeliegende Ordnung und Tiefenstruktur ausfindig zu machen, durch deren Wirken sich diese scheinbare Vielgestaltigkeit erklären ließe«[94]. Lévi-Strauss zufolge führt die Pflicht der Gabe auf ein Prinzip der Gegenseitigkeit und auf einen »undifferenzierten Fundus an geistigen Strukturen sowie [auf] Schemata der Geselligkeit« (ESV 149), die zur konstanten Geburtsausstattung des Menschen und damit zur Ordnung der Natur gehören. Der zum unbewussten Denken befähigte *homme naturel*[95] der *Elementaren Strukturen der Verwandtschaft* ist für Lévi-Strauss das Kind mit seinem (nicht sexuell-perversen, wie bei Freud, sondern) intellektuell-sozialen »Polymorphismus«. Es handele sich um einen Polymorphismus, der den zwar beschränkten, doch »universellen Fundus« aller möglichen Denkformen und geistigen Strukturen bereithalte, aus dem jede bestimmte Gesellschaft und Sprache ihre je regressive Auswahl treffe. Diese Auswahl gehe mit dem irreversiblen Verlust aller anderen polymorphen Möglichkeiten einher. Mit dem kindlichen Denken beschwört Lévi-Strauss »so etwas wie einen gemeinsamen Nenner aller Denkformen und aller Kulturen« (ESV 162, 159, 161). Zu geben bedeutet demnach, dem Zugzwang eines genetischen Programms zu folgen, das mit jeder kulturellen Praxis auf je beschränkte Weise entfaltet und verwirklicht wird. Jede Kultur der Gabe ist daher nichts anderes als die regressive Übersetzung, Aktivierung und Aktualisierung einer allen Menschen gemeinsamen Natur. Wie aber wird diese angeborene und vererbte Natur, die sich durch »Stetigkeit und Kontinuität« zum Ausdruck bringt, zur Kultur? Oder anders gefragt: Wie und womit beginnt Lévi-Strauss' Kulturtheorie der Gabe, und zwar in einem doppelten Sinne? Denn für Lévi-Strauss zeichnet sich, wie bereits gesehen, »der Bereich der Natur« dadurch aus, »daß man hier nur gibt, was man erhält«, während der »Bereich der Kultur« durch das »doppelte Ungleichgewicht« von Geben und

Nehmen charakterisiert sein soll: Hier »erhält das Individuum stets mehr, als es gibt, und gleichzeitig gibt es mehr, als es erhält« (ESV 78).

Wie und unter welchen Bedingungen vollzieht sich der Übergang von der menschlichen Gabennatur zur Kultur (der Gabe), die ihrerseits nichts anderes sein soll als der überkreuzte Überschuss von Geben und Nehmen? Anders als der von Lévi-Strauss allerorten beschworene Rousseau – dieser »ethnographischste von allen Philosophen«[96] –, der ausgehend vom Naturzustand die Genese und Konstruktion des Gesellschaftszustandes unter geschichtsphilosophischen Auspizien auf kontingente Ereignisse und unter rechtsphilosophischen Vorzeichen auf den »Gesellschaftsvertrag« zurückführt, thematisiert Lévi-Strauss das Problem des Übergangs und der Schwelle zwischen Natur und Kultur in *Die elementaren Strukturen der Verwandtschaft* unter der Frage des Inzesttabus: Das Inzestverbot sprengt den Gegensatz von Natur und Kultur (ESV 73), da es sich einerseits als universal und damit als der Ordnung der Natur zugehörig erweist und andererseits aufgrund seines normativen Charakters dem Bereich der Riten, Techniken, Gesetze und Institutionen, kurz: der Kultur zugeordnet zu werden verlangt (ESV 52). Als »Durchbruch der Kultur innerhalb der Natur« steht das Inzesttabu, wie schon für Freud in *Totem und Tabu*,[97] zugleich »an der Schwelle der Kultur, in der Kultur«, und ist »die Kultur selbst« (EVS 57). Das Verbot, die Frauen der eigenen Familie, Gruppe, Klasse oder Gesellschaft sexuell zu genießen, fordert als positives Gebot, die eigenen Frauen einer je fremden Gruppe zu geben, was diese wiederum zu einer entsprechenden Gegenleistung verpflichtet. Von daher vollzieht sich kraft des Inzestverbotes, das »weder einen rein kulturellen noch einen rein natürlichen Ursprung« (ESV 73) hat, der Übergang von der Natur zur Kultur der Gabe in einem doppelten Sinne: im Sinne einer Kultur, die nur als Gabenkultur (mit dem doppelten und überkreuzten Ungleichgewicht von Nehmen und Geben) im allgemeinen den Namen »Kultur« verdient; und im Sinne eines spezifischen kulturellen Systems der Gabe, das sich etwa als melanesisches in der Besonderheit seiner stilistischen und inhaltlichen Ausgestaltung von dem indischen oder französischen, dem nordwestamerikanischen der Kwakiutl-Indianer oder dem trobriandischen Gabensystem unterscheidet. Vor dem Inzesttabu »ist die Kultur noch nicht existent; mit [ihm] hört die Natur auf, beim Menschen uneingeschränkt zu herrschen.« (ESV 74)

Einerseits scheint das Inzesttabu den überkommenen Gegensatz von Natur und Kultur aus den Angeln zu heben. Mit Blick auf diese traditionelle philosophische Unterscheidung und begriffliche Entgegensetzung spricht Lévi-Strauss daher auch von einem »Skandal«,[98] den das so verstandene Inzesttabu darstellt. Andererseits scheint Lévi-Strauss selbst weiterhin bruchlos dem Gegensatz von Natur und Kultur zu vertrauen, wenn er das Prinzip der Reziprozität und der Gabe als »Schema der Geselligkeit« zu jenen angeboren »geistigen Strukturen« des menschlichen Geistes zählt (ESV 149), die mit dem Inzesttabu zugleich die Demarkationslinie in Richtung Kultur passieren.[99] Dreizehn Jahre später wird er sogar im fortschrittsfrohen Vertrauen auf künftige Erfolge der exakten Naturwissenschaften dem Gegensatz von Natur und Kultur einen nur noch »methodologischen Wert« zusprechen und die Ordnung der Kultur zugunsten der Natur depotenzieren, so dass »die Kultur in die Natur und schließlich das Leben in die Gesamtheit seiner physikochemischen Bedingungen reintegriert« werden könne (WD 284, Anm.).

Rousseau war noch so vorsichtig, den von ihm als Ergebnis einer naturwissenschaftlich-ethnografischen Rekonstruktion[100] skizzierten Naturzustand als hypothetische Fiktion zu kennzeichnen.[101] Bei Lévi-Strauss macht sich dagegen – allen »ethnographischen Reduktionen« (WD 285) zum Trotz – die ungebrochene Neigung geltend, in frontaler Weise von *der* menschlichen Natur und einer invarianten anthropologischen Daseinsausstattung zu sprechen, um damit das Gewicht kultureller Differenzen weitgehend zu marginalisieren. Dabei schlägt seine Kulturtheorie der Gabe in bedenklicher Weise in eine Naturtheorie der Gabe und Reziprozität um. Bedenklich ist dies nicht zuletzt deshalb, weil uns die menschliche Natur niemals als solche, sondern prinzipiell nur in ihren (inter-)kulturellen Übersetzungen, Ausgestaltungen, Stilisierungen, Brüchen und (naturwissenschaftlichen) Interpretationen zugänglich ist. Kurz: Es geht nicht darum zu leugnen, *dass* es so etwas wie eine Natur des Menschen gibt; sie zeigt sich jedoch in dem, *was* sie ist und *wie* sie ist, stets nur in ihren kulturell und historisch je verschiedenen Explikationen und »Feststellungen«[102]. In diesem Sinne kann es nur eine laterale und indirekte Sprechweise der Anthropologie geben, die kulturell irreduzibel ist.

3. Frauentausch und endlose Gaben: Die Fragilität des Fadens

Daher gehört es allerdings zu Lévi-Strauss' großen Verdiensten, das weltweit verbreitete Inzestverbot sowie die Regeln und Strukturen der Verwandtschaft unter Rekurs auf das schlagende Beispiel der Kreuzcousinenheirat[103] und im Einklang mit den, wie es heißt, »strukturalen Analysen« der *natives* selbst (ESV 187, 201), von ihren biologischen Begründungen gelöst und auf die allianzbildende Praxis des Gabentausches zurückgeführt zu haben. Sowenig wie das Inzesttabu auf eine natürliche Eigenschaft der Individuen zurückgeht und darauf zielt, die Nachkommen vor den schädlichen Erbfolgen konsanguiner Ehen zu bewahren, sowenig lassen sich Deszendenz und Verwandtschaft vollständig miteinander in Deckung bringen. Lévi-Strauss' *Elementare Strukturen der Verwandtschaft* bilden eine Serie *Persischer Briefe*, die darauf zielen, die fest gewordene europäische Koppelung zwischen Blutsverwandtschaft und sozialer Verwandtschaft sowie die Rückführung des Inzesttabus auf eugenische Gründe in Frage zu stellen, kurz: die »Stimme des Blutes« und der »Blutschande« zum Schweigen zu bringen, wie sie etwa im preußischen Strafgesetzbuch von 1851 und im Reichsstrafgesetzbuch von 1871 kodifiziert worden ist. Noch heute wird der Inzest in einigen europäischen Staaten als Gefahr für die Familie und der genetischen Schädigung ihrer Nachkommen strafrechtlich geahndet, die damit einem biologistischen Missverständnis über die Verwandtschaft aufsitzen. Lévi-Strauss ist es freilich nicht um eine Liberalisierung des Strafrechts im Interesse sexueller Selbstbestimmung oder um eine humangenetische Gefahrenabschwächung aus biopolitischer Sicht zu tun. Es geht ihm vielmehr um eine soziologische Erklärung des Inzesttabus, die Licht in das Dunkel der diffusen rechts-, medizin- und kulturhistorischen Begründungen der Inzeststrafbarkeit zu bringen vermag. Zahlreiche indigene Verwandtschaftstheorien und -kommentare weisen ihm dazu den Weg. Bemerkenswerterweise wissen die meisten der befragten Informanten weniger etwas mit dem Inzestverbot als vielmehr mit ihrem positiven Komplement, der Exogamieregel, anzufangen. So weist der Arapesh-Informant von Mead die Vorstellung, dass ein Mann mit seiner Schwester schlafe, als absurd zurück: »Nein wir schlafen nicht mit unseren Schwestern. Wir geben unsere Schwester an andere Männer und bekommen dafür ihre Schwestern.« Derjenige, dem es einfallen würde, seine eigene Schwester heiraten zu wollen, müsste sich fragen lassen: »Bist Du denn nicht ganz richtig im Kopf? Siehst Du denn nicht ein, daß Du wenigstens zwei Schwager bekommst, wenn Du die Schwester eines anderen Mannes heiratest und ein anderer Mann Deine Schwester bekommt? Mit wem willst Du denn auf die Jagd oder in den Garten ziehen, und wen willst Du besuchen?«[104] Mit dieser Arapesh-Perspektive auf die positive Verpflichtung des Frauentausches, nämlich die Frauen der eigenen Gruppe »einzufrieren« (ESV 97) und sie gegen die Töchter, Schwestern oder Cousinen der anderen Gruppe auszutauschen, ist die ganze Stoßrichtung der Verwandtschaftsuntersuchungen von Lévi-Strauss vorgegeben. Indem sich Lévi-Strauss vom Paradigma der europäischen Kleinfamilie löst und stattdessen ein »[unreduzierbares] Verwandtschaftselement« in den Blick nimmt, das »aus einem Gatten, einer Gattin, einem Kind und einem Repräsentanten« derjenigen Gruppe besteht, aus der der Ehemann seine Frau in Empfang genommen hat, treten drei Relationsgefüge zutage: das der Konsanguität (in der Beziehung Schwester/Bruder), das der Allianz (in der Beziehung Gatte/Gattin) und das der Deszendenz (in der Beziehung Eltern/Kind). Sie unterstreichen den sozialen Charakter der Verwandtschaft, der die biologische Familie überschreitet.[105]

»Zweifellos ist die biologische Familie vorhanden und setzt sich in der menschlichen Gesellschaft fort. Was aber der Verwandtschaft ihren Charakter als soziale Tatsache verleiht, ist nicht das, was sie von der Natur beibehalten muß: es ist der wesentliche Schritt, durch den sie sich von ihr trennt.«[106] Diese Trennung von der Natur vollzieht sich, so kulturell verschieden seine Formen, Übersetzungen und Inszenierungen auch immer sein mögen, durch den universalen Eingriff des Inzesttabus, den Lévi-Strauss als den »Eingriff schlechthin« (ESV 81) bezeichnet: Etabliert er doch ein kulturelles System von Differenzen und Praktiken der Gabe, das nicht nur den Vorrang der Sozialität vor der Familie bezeugt, sondern auch der Fremdheit vor der Eigenheit den Vorzug erteilt. Wie ist das zu verstehen?

Wie die Humangenetiker versichern, besteht durchaus ein »statistisch erhöhtes Risiko von genetischen Defekten bei Kinder aus inzestuösen Beziehungen«, das allerdings nicht weniger hoch ist als bei »Kindern von Mukoviszidose- oder Huntington-Kranken«.[107] Theoretisch könnte sich die geschlossene Einheit der Familie demnach aus sich selbst heraus hervorbringen, vor dem Eindringen Fremder hermetisch abschirmen, eine exklusive Realität in Bezug auf ihre eigene Reproduktion bilden und so »Schmied [ihres] eigenen separaten Geschicks«[108] werden. Das weltumspannende Inzesttabu verhindert indes, dass sich die Familie im System ihrer Autoimmunität vor fremden Eindringlingen verschließt und in ihren blutverwandtschaftlichen Grenzen isoliert. Es erlegt der Familie in der Frage der sexuellen Beziehungen und Reproduktion ein künstliches Netz von Verboten, Verpflichtungen und negativen Beziehungen auf, das sie dazu zwingt, sich zu teilen, gegenüber anderen familiären Einheiten zu öffnen und das Spiel der Ehe gegenüber Fremden in Gang zu setzen. Indem die einzelnen Elemente der Familie, das heißt »die sie konstituierenden Individuen ohne Unterlaß ersetzt, ausgeliehen, geborgt, abgetreten oder eingefordert werden, und zwar so, daß sich aus den abgesplitterten Familienfragmenten neue bilden können«,[109] ist das Inzesttabu nichts anderes als ein fortwährendes Verfahren der Teilung und Zerstörung der Familie. Unabhängig davon, wie streng oder großzügig die inzestuöse Beziehung kulturell jeweils definiert wird, ihr Verbot bewirkt, dass »die eheliche Familie [...] unaufhörlich zerbrochen« (ESV 190) und kraft Exogamie unter neuen Vorzeichen wiederhergestellt wird. Im Namen von fiktiver Verwandtschaft und Sozialität unterminiert das Inzesttabu die »separatistischen Tendenzen der Blutsverwandtengruppe« und zwingt sie – anstatt zahllose isolierte und unverbundene Monaden zu bilden – Filiations- und »Affinitätsnetze zu weben«,[110] die der Gesellschaft – auch und gerade ohne Staat – ein organisatorisches Gerüst und einen mehr oder minder hohen Integrationsgrad verleihen. Dies geschieht durch die Gabe der je eigenen Frauen – der Töchter, Schwestern oder Cousinen – an eine je andere duale Hälfte, exogame Gruppe, Sippe, Kaste, Lineage oder Kernfamilie und im Gegenzug durch den Empfang fremder Frauen. Dabei steht die gegenseitige Durchdringung der einander fremden Gruppen durch den Gabentausch von Frauen, Nahrung, Gütern, Zeichen, Werten, Rechten, Privilegien, Höflichkeiten, Riten, Affekten, Witzen, Schmähungen usf. in Frage, kraft dessen Sozialität und, wie wir im Anschluss an Mauss' Konzept der Zivilisation sagen müssen, kraft dessen Interkulturalität überhaupt nur gestiftet und unterhalten werden kann. Für die Bündnis, Frieden und Integration stiftende Funktion des Gabentausches ist nicht so sehr entscheidend, was, sondern dass Gaben gegeben, empfangen und erwidert werden, auch wenn die Frau für Lévi-Strauss zweifellos das kostbarste Gut und jene initiale Gabe darstellt, die das Hin und Her, den affektiven Herzschlag der Gaben in Gang setzt (ESV 121).[111]

Mithilfe der strukturalen Linguistik genauer: mithilfe der Semiologie und Phonologie im Gefolge von Saussure, Troubetzkoy und Jakobson glaubt Lévi-Strauss, den »objektiven« Schlüssel zum Verständnis der elementaren Verwandtschaftsstrukturen gefunden zu haben. Unter dieser methodischen Schirmherrschaft gilt es, das Verwandtschaftssystem (und zwar nicht auf der Ebene der Verwandtschaftsbezeichnungen, sondern vielmehr auf der Ebene der sozialen Beziehungen) als eine Sprache[112] anzusehen und damit die Vorgängigkeit der Relationen vor den einzelnen Elementen in den Blick zu nehmen, die ihre Bedeutung nicht durch sich selbst, sondern durch ihre negative und differenzielle Beziehung zu den übrigen Elementen erhalten. Die zeichenhaften Einheiten innerhalb des Verwandtschaftssystems sind für Lévi-Strauss nicht zuletzt die Frauen, die in Opposition zueinander stehen (verbotene und mögliche Gattinnen) und ihren Rang als wertvollste Objekte in einem System der Gegenseitigkeit erhalten, dem durch die duale Organisation eine elementare »Form« und durch die Heiratsregeln eine spezifische Grammatik verliehen wird (ESV 129). Die einzelne Frau muss jeweils ein spezifisches *othering* durchlaufen, das heißt vom bloß sinnlichen (dem Trieb und der Natur korrespondierenden) »Reiz« zum Zeichen (und kulturellen Objekt) werden, und ihre Zeichenwerdung vollzieht sich »im Akt des Austausches« und der »Wahrnehmung der Gegenseitigkeit« (ESV 121) selbst. Dann nämlich »trägt« sie »das Zeichen der Andersheit«, jenes Surplus von Sinn, indem sie – kraft Inzesttabus, das heißt im Übergang von der Natur zur Kultur – aus den Händen eines anderen gegeben und von ihrem zukünftigen Gatten in Empfang genommen worden ist. Es ist also ihre »Position in einer Struktur« (ESV 188), nicht aber eine individuelle Eigenschaft, dank der ihr ein spezifischer Wert zukommt.

Die von Lévi-Strauss untersuchten Strukturen der Verwandtschaft umreißen ein Koordinaten- und Positionssystem, das nicht nur der Frau, sondern jedem Mitglied seinen je eigenen Ort im Beziehungsgeflecht zu allen übrigen Elementen verschafft. Damit ist ein Haltungs- und Benennungssystem verbunden, das sowohl die affektiven und stilisierten Haltungen der involvierten Personen – Achtung und Vertraulichkeit, Respekt und Sympathie, Scherzbeziehungen und Meidungen – präfiguriert als auch spezifische Formen der Bezeichnung und Adressierung enthält. Das so genannte »Verwandtschaftsatom« weist jedem Mitglied einen je eigenen Ort, spezifische Relationen, affektive Haltungen und eine Nomenklatur zu, die den Richtungssinn und das Netzwerk der jeweils gegebenen und empfangenen Gaben festlegen. Kurz: Ein jeder wird nur, was er ist, er gewinnt nur in dem Maße Identität, in dem er in all jene Richtungen gibt und aus all jenen Richtungen empfängt, die das verwandtschaftliche Netzwerk ihm jeweils vorzeichnen.

Als elementare Verwandtschaftsstruktur bezeichnet Lévi-Strauss indes die Vorschriftheirat mit der matrilateralen, patrilateralen oder bilateralen Kreuzcousine, aus der wiederum zwei Gabentauschformen hervorgehen: Mit der bilateralen Kreuzcousinen-Heirat korrespondiert der »eingeschränkte Tausch« als ein System direkter und kontinuierlicher Reziprozität, während mit der matrilateralen und patrilateralen Kreuzcousinen-Heirat zwei unterschiedliche Formen des »verallgemeinerten Tausches« einhergehen, die Lévi-Strauss als System der indirekten und aufgeschobenen Gegenseitigkeit charakterisiert (ESV 639). Der eingeschränkte beziehungsweise direkte Tausch erweist sich für Lévi-Strauss als »das wirksamste Verfahren [...], um die Integration der Gruppen zu gewährleisten«. Je größer dabei die Zahl der zu symmetrischen Hälften angeordneten lokalen Gruppen ist, die in den Gabentausch involviert sind, desto höher ist der »Grad der Integration« (594 f.): Ein Mann der Hälfte A gibt einer anderen Hälfte B seine Schwester und erhält aus eben dieser Hälfte B im Gegenzug die Schwester eines anderen Mannes, die zu heiraten ihm gestattet ist. Erfolgt ein solcher Gabentausch über mehrere Generationen hinweg, dann empfängt der Mann der Hälfte A mit der Frau der Hälfte B die Tochter seiner Vaterschwester sowie die Tochter seines Mutterbruders, kurzum: er heiratet seine bilaterale Kreuzcousine (und *vice versa*).[113] In einer solch dualen Organisation schließt sich der Tauschzyklus frühestens nach vier Stationen (ESV 346). Doch schließt sich dieser Zyklus, auch wenn Lévi-Strauss dies wiederholt mit Nachdruck betont, nicht mit der Zwangsläufigkeit eines Prinzips oder physikalischen Gesetzes: Man muss sich nur den nicht seltenen Fall vor Augen führen, dass ein Bruder über keine Schwester verfügt, die er fortgeben kann. In solchen Schieflagen treten um Generationen verschobene Kompensationen in Kraft etwa dergestalt, dass der Bruder (als zukünftiger Vater) die erste Tochter, die ihm geboren wird, anstelle der fehlenden Schwester abzutreten sich verpflichtet. Doch selbst die Kombination von Schwestern- und Tochtertausch und weiteren möglichen Kompensationsformen (in Gestalt von Hilfsfrauen) kann prinzipiell nicht verhindern, dass ein Bruder beziehungsweise Vater – in der Spekulation auf eine stets irreale, nichtantizipierbare Zukunft – außerstande ist, seinen Verpflichtungen gegenüber der anderen Hälfte nachzukommen (ESV 584f.).

Der Tauschzyklus des verallgemeinerten Tausches matrilateralen Typs schließt sich nach drei Stationen, ist aber bereits in seiner einfachsten Form von einem ungleich höheren Komplexititäts- und Unsicherheitsgrad als der eingeschränkte Gabentausch: »A tritt eine Tochter an B ab, der eine Tochter an C abtritt, der wiederum eine Tochter« (ESV 373) D überlässt, damit dieser schließlich A eine Tochter gibt. In einem solchen System hat man es nicht mit einer reziproken, sondern mit einer eindeutigen und gerichteten Beziehung zwischen zwei Gabentauschpartnern zu tun, sofern eine Sektion jeweils, und zwar einseitig und asymmetrisch, mit derjenigen Sektion verbunden ist, der sie ihre Frauen überlässt (ESV 268). Die »ganze Kette« dieser gerichteten Beziehungen von Abtretungen und Erwerbungen lässt die Gruppe als ganze engagiert sein, so dass »dem sozialen Gewebe ein und derselbe Faden zugrunde liegt« (ESV 598f., 600). Doch was das Gesetz der Heirat mit der Tochter des Mutterbruders an »affektiver Atmosphäre« und Integrationsmöglichkeiten für die ganze Gruppe bietet, büßt sie an Sicherheit für die singulären Frauengeber wieder ein. Denn diese offene und einseitige Struktur – die etwa die Batak aus Sumatra mit der idiomatischen Wendung rechtfertigen, dass »das Wasser nicht zur Quelle zurückfließen kann« (ESV 604) – »verlangt, dass der Tausch aufgeschoben wird und die Entschädigung nicht denselben Subjekten zugute kommt, welche die Last des Opfers tragen, so dass der Tauschmechanismus schließlich in bezug auf die Gruppe insgesamt und nicht in bezug auf die unmittelbar betroffenen Individuen funktioniert«. Je zahlreicher die Zwischenglieder und je länger die Zyklen werden, desto mehr müssen die einzelnen Individuen geben, und zwar stets mehr, als sie selbst erhalten (ESV 602). Der verallgemeinerte Tausch matrilateralen Typs setzt – wie im Übrigen auch der eingeschränkte Tausch – den einzelnen Frauengeber dem riskanten Abenteuer der Gabe aus, ohne die begründete Gewissheit der Gegengabe. Angesichts dieser Ungesichertheit braucht es, wie Lévi-Strauss einräumt, den Vorschuss einer weiteren unabgegoltenen und supplementären Gabe: der Gabe des Vertrauens und des Kredits (ESV 373).

Ist jedoch eine Heirat – nach einer ununterbrochenen Folge prekärer Momente – endlich geglückt, so sind die Gabentauschpartner, anders als bei einer ökonomischen Transaktion, niemals quitt. Der schier unübersehbaren Kette von Gaben, die der Heirat vorausgehen, folgt – etwa bei den Haka Chin und den Lakher – nach der Eheschließung eine Reihe »endloser Verpflichtungen seitens des Schwiegersohns« (ESV 587), die auch mit dem Tod der Frau nicht enden, »denn es gibt einen *shé*, Preis des Todes, der Legende nach eine Entschädigung, die der Ehemann seinen Schwiegereltern für das symbolische Recht zahlen muß, mit dem Leichnam seiner Frau zu schlafen« (ESV 365). Die Myriaden von Gaben, die mit dem Heiratsversprechen an die ganze Familie in obligatorischer Weise zu leisten sind, zeigen, dass die Gabe der Frau unbezahlbar ist und eine untilgbare Schuld nach sich zieht. Unter Berufung auf »ein wahres Kleinod der zeitgenössischen Ethnographie, das *Hand Book of the Haka Chin Customs* von W. R. Head«, gibt Lévi-Strauss eine winzige Kostprobe »von der fast märchenhaften Kompliziertheit des matrimonialen Tausches« und der schwindelerregenden Menge an vorgeschriebenen Gaben, die allein der Tante für ihre Nichte zu überreichen ist: Der Preis der Tante schließt nicht nur eine so genannte »große Zahlung« mit ein wie das Opfer eines Schweins; er enthält darüber hinaus eine »kleine Zahlung«, die sich wie folgt spezifiziert:

»1. die Tante geleitet ihre Nichte zum Haus des Ehemanns und verlangt ein Messer, weil man vermutet, daß sie das ihre abgenutzt hat, als sie sich ihren Weg durch den Wald bahnte; 2. die Tante verlangt eine Perle, um in die Einfriedung des Hauses des Bräutigams einzudringen; 3. sie erhält ein Geschenk, um die äußere Leiter zu erklimmen; 4. sie erhält Eisen, um ›das Eisen zu lecken‹, ein Freundschaftsritus; 5. man gibt ihr eine Matte, damit sie sich im Haus hinsetzen kann, und 6. eine Schale, damit sie denen, die mit ihr über den Preis verhandelt haben, einen Trunk anbieten kann; 7. nun muß man ihr weitere Versöhnungsgaben reichen, um sie davon abzuhalten, mit ihrer Nichte wieder den Heimweg anzutreten, und ihr außerdem geben: 8. Korallenperlen; 9. einen Gürtel aus Kupfer; 10. eine Decke als Ersatz für die abgenutzte Decke, in der sie ihre Nichte getragen hatte, als diese ein Baby war; 11. ein Schwein; eine besondere Zahlung als Entschädigung dafür, daß sie außerhalb des Dorfs mit dem Ehemann und seiner Familie getrunken hat.«[114]

Zieht man in Betracht, dass mit dem Preis des Onkels, des Bruders oder Vetters, der Mutter, des Sklaven, mit dem Preis für den Fußmarsch (an den Bruder, den Onkel sowie die Tante), mit dem Preis für die Begegnung (an den Bruder, den Onkel und die Tante), der großen Zahlung an den Vater oder seine Erben weitere Gaben den Besitzer wechseln und schließlich auch noch von Seiten der Brautfamilie, neben der Mitgift, zahllose Geschenke erbracht werden müssen, dann kann man daraus nur den Schluss ziehen, dass die Gaben und Gegengaben allenfalls im Augenblick ihrer Übergabe wirksam sind und deshalb in ihrer allianzbildenden Kraft pausenlos erneuert werden müssen.

Schon Mauss hatte darauf hingewiesen, dass der »Strom« beziehungsweise die »Kette« der Gaben nicht abreißen dürfe (DG 62, 84), um jenes verletzliche Bindegewebe der Sozialität nicht aufzulösen, das sich allein durch das Hin und Her der Gabe zwischen den Bündnispartnern bildet. Lévi-Strauss selbst unterstreicht, dass die endlose Gabenkette, wie sie bei den Haka Chin und Lakher gebildet wird, die Erinnerung daran wachhält, »daß der Faden, der seit Anbeginn der Welt dazu bestimmt ist, die Braut zum Bräutigam, den *mayu ni* zum *dama ni* zu führen, jeden Augenblick reißen kann (und im Schöpfungsmythos ist die Schwester selbst ein Garnknäuel, das entrollt, die Straße erschafft, die zu fernen Gegenden führt)« (ESV 366).

In den Mythen und Selbstexplikationen der Einheimischen stößt Lévi-Strauss auf ein ausgeprägtes soziologisches Bewusstsein für die zugleich performative Kraft (das entrollte Knäuel »erschafft die Straße«) und Fragilität jener Textur, die durch das Hin und Her der Gaben gebildet wird. *From the native's point of view* ist jede Gabe ein Faden, der ins Ungewisse geworfen wird und von dem man nicht sicher weiß, ob ihn jemand aufnehmen wird, um ihn weiterzuspinnen: Der Kontakt vermag nicht durch eine einzige Gabe und Gegengabe, ja nicht einmal durch die narrative Erinnerung an sie, hergestellt, gehalten und bewahrt zu werden; er kann nur dadurch aufgenommen, gehalten und aufrechterhalten werden, *dass* er je von Neuem aufgenommen, gehalten und aufrechterhalten wird. In diesem Sinne kann der soziale Rhythmus, dessen kultureller Herzschlag das Hin und Her der Gabe bildet, immer wieder aussetzen und beginnen. Und er beginnt je von Neuem, weil die singulär Gebenden sich nicht selbst genug sind. Gabe und Gegengabe versetzen die Gebenden weder in ein bloß beziehungsloses Nebeneinander, noch auch lassen sie diese in einer symbiotischen Einheit aufgehen, in der sich die Beziehungen und die Singulare selbst unterschiedslos verlieren. Die kulturelle Praxis der Gabe ist weder in einem reinen Außen noch in einem reinen Innen situiert; sie stiftet vielmehr ein Ineinander im Auseinander, einen Abstand im Kontakt. Sie webt das Netz des *living apart together*, ist Binde- und Trennungsstrich zugleich.

Gleichgültig, um welches kulturelle Gabensystem es sich auch handelt, um den eingeschränkten oder verallgemeinerten Tausch, um den Tausch matrilateralen oder patrilateralen Typs; aus Sicht der Akteure muss man stets die Singularität und Ungebundenheit der Verpflichtungen des Gebens, Nehmens und Erwiderns im Auge behalten: Wer gibt, kann nicht wissen, ob es ihm mit seiner Gabe gelingt, im Anderen die Verpflichtung zur Gegengabe hervorzurufen und sich so selbst anschlussfähig für weitere Gaben zu machen. Das doppelte Ungleichgewicht von Geben und Nehmen, das Kultur, so Lévi-Strauss, im Allgemeinen auszeichnet, erhält, sobald man es auf den einzelnen Gabeakt bezieht, damit einen noch ganz anderen Sinn: Jede Gabe realisiert nicht nur im Augenblick der Übergabe das doppelte und chiastische Ungleichgewicht von Geben und Nehmen; sie stellt auch als singuläre Gabe den Überschuss des Gebens über das Nehmen dar, sofern sie sich – selbst noch ohne jenes soziales Netz, das sie durch sich selbst erzeugt – der Ungesichertheit des Kontakts und der Unabgesichertheit ihrer asymmetrischen Einseitigkeit aussetzt. Der Empfänger wahrt indes so lange einen Überschuss des Nehmens über das Geben, wie er die empfangene Gabe nicht erwidert. Das Gabenereignis verletzt das von Lévi-Strauss dingfest gemachte, eingeborene Prinzip der Gegenseitigkeit, dessen Rechnung aus Sicht der Gabenakteure und Gabenpatienten niemals ganz aufgeht. Im Gabenereignis gibt es keinen einzigen spiegelsymmetrischen Augenblick des Zugleich: wie gegeben, so bereits erhalten –, der allein die tatsächliche Einlösung und Verwirklichung des Prinzips der Reziprozität darstellen könnte. Wenn überhaupt, dann ist das Spiegelspiel der Reziprozität (wie bei dem weit verbreiteten Sonderfall des verallgemeinerten und aufgeschobenen Tausches matrilateralen Typs) stets im Aufschub begriffen und in Schieflage, auch dort, wo es sich aus Angst vor Verlust überstürzt (ESV 602 f.).

Für Lévi-Strauss stellt das Prinzip der Reziprozität jedoch etwas anders dar als lediglich den gegenseitigen, wenngleich zeitlich verzögerten Austausch von Gaben. Weder ist der Gabentausch eine hybride Mischung aus Gabe und Ökonomie, wie für Mauss, noch eine zerstörerische Verausgabung, wie für Bataille, noch auch setzt Lévi-Strauss der reinen Gabe die Tauschökonomie entgegen, wie Derrida es tut. Das Prinzip der Gegenseitigkeit kommt vielmehr im Ausgleich und in der zeitgleichen Gegenseitigkeit zweier Asymmetrien zustande: im Überschuss des Gebens über das Nehmen und im Überschuss des Nehmens über das Geben. Gegenseitigkeit und Ausgleich ergeben sich am Kreuzungspunkt des doppelten Ungleichgewichts von Geben und Nehmen unter dem verbindenden Dach des Gabentausches, der damit von der Ökonomie deutlich unterschieden wird. Mit anderen Worten: Symmetrie ist die Verkreuzung zweier Asymmetrien, Gleichgewicht ein doppeltes Ungleichgewicht, Reziprozität die Begegnung zweier Irreziprozitäten und die Synthese des Gabentausches die Aufhebung der beiden »antithetischen Operationen« von Geben und Nehmen, wie Lévi-Strauss in seiner *Hommage* gegen Mauss einwenden wird.

Es ist das die Gegensätze aufhebende Ganze des Gabentausches, das den Gebern und Empfängern aus der jeweils beschränkten Perspektive ihrer Praxis und ihres Pathos entgeht. Die soziologische Wahrheit dieser eigentümlichen Dialektik soll nur dem externen und »objektiven« Beobachter zugänglich sein, der dort ein Gleichgewicht zu erkennen vermag, wo sich die betroffenen Individuen der singulären Erfahrung und dem riskanten Ereignis der Gabe ausgesetzt sehen (FZ 155). Diese ausnehmend problematische Forderung Lévi-Strauss', den Status konkreter Erfahrung und des je eigenen Selbstverständnisses zugunsten einer kosmotheoretischen Perspektive ohne Perspektivität zu depotenzieren, bildet den Hebel der Kritik, den Lévi-Strauss an Mauss' *Essai sur le don* ansetzt und der den großzügigen Duktus seiner *Hommage* ins Gegenteil verkehrt.

4. Die Kraft der Sache selbst

In der Tat. Den überdeterminierten wissenschaftshistorischen und religiösen Vergleichen, die Lévi-Strauss in Anschlag bringt, um die soziologische Pionierleistung von Mauss und den »revolutionären« (EWM 28) Aussagegehalt des *Essays über die Gabe* zu würdigen, gebricht es nicht an zunehmender Zweideutigkeit. Sie gehen von den heftigen Empfindungen aus, die Malebranche bei seiner ersten Descartes-Lektüre in der Gewissheit ergriffen hatten, »bei einem für die Entwicklung der Wissenschaften entscheidenden Ereignis zugegen zu sein« (EWM 26), setzen zu Francis Bacon über, der mit *Novum organon* den nur halb vollendeten Teil seiner *Instauratio magna* bezeichnete, und kulminieren schließlich in der Gestalt Moses', »der sein Volk bis an die Grenze des gelobten Landes führte, dessen Herrlichkeit er selbst nie geschaut hat« (EWM 30).

Dass es, zumindest nach seinem Dafürhalten, Mauss/Moses nicht gelungen sei, diese Grenze passiert und das »*novum organum* der Sozialwissenschaften des 20. Jahrhunderts« anders als in Form bloßer »Fragmente« und »impressionistischer Notizen« (EWM 30, 26) geschrieben zu haben, ist allerdings für Lévi-Strauss eine den Untergang der Soziologie abwendende epistemische Chance. Diese hätte sich nämlich im Falle der Vollendung des von Mauss beschrittenen Wegs in eine »wortreiche«, um nicht zu sagen, geschwätzige »Phänomenologie« (EWM 36 f.) aufgelöst. Lévi-Strauss macht Mauss zum Vorwurf, auf eine magische »Eingeborenentheorie« hereingefallen zu sein (EWM 3) und damit die Rationalität der europäischen Soziologie in mehr als nur einer Hinsicht verraten zu haben. So gut Mauss auch in einem ersten Schritt daran getan habe, »ein ethnographisches Problem von einer neuseeländischen oder melanesischen Theorie her anzugehen, statt mit okzidentalen Begriffen wie Animismus, Mythos oder Partizipation« (EWM 31), sowenig dürfe ihr der Ethnologe trauen, dem es in letzter Konsequenz um das »Ganze« des Austausches und eine »objektive Kritik« der indigenen Selbstverständnisse gehen müsse. Nur so könne er zu einer »Realität« hinter der Realität und zu »unbewußten Strukturen des Geistes« (EWM 31) gelangen, die den über sich selbst getäuschten lokalen Selbstverständnissen zugrunde lägen. An der Tatsache, dass der Begriff der »Reziprozität« im *Essay über die Gabe* nur an einer einzigen Stelle auftaucht (DG 96), lässt sich bereits ermessen, wie weit sich Lévi-Strauss mit seinem am »Prinzip der Gegenseitigkeit« orientierten Verständnis des Gabentausches von Mauss entfernt hat. Dessen Überlegungen gravitieren, wie schon gesehen, um die eigentümliche »Kraft der Sache selbst«, die zum Geben und Empfangen der Gabe zwingt und in der Gabentheorie des Moari-Juristen Tamati Ranapiri mit dem Begriff des *hau* in Frage steht.

Gleichgültig, ob indigen oder »okzidental«, für Lévi-Strauss ist »eine Theorie immer nur eine Theorie«, die es – unter der semiologischen Ägide der Sprache – kritisch zu objektivieren gilt (EWM 31): Anstatt sich also dem indigenen Logos zu unterwerfen, auf »magische und affektive Vorstellungen« zu rekurrieren, »deren Einführung uns überholt erscheint«, hätte Mauss nur jenen sprachlichen Hinweisen folgen müssen, die er selbst ausgestreut hat, ohne freilich ihre volle Bedeutung zu erkennen (EWM 32): Aus der Erkenntnis, dass das Melanesische und das Papuanische für die Verben »kaufen und verkaufen«, »leihen und verleihen« ein und dasselbe Wort verwenden, schließt Lévi-Strauss, dass es sich nicht um »antithetische Operationen«, sondern »um zwei Modi einer selben Realität« handelt. Kann man jedoch die Tatsache vernachlässigen, dass der semantische Gehalt dieses Verbs offenkundig nicht die Aufhebung des Unterschieds von Geben und Nehmen bezeichnet, sondern wohl eher ökonomische Operationen zum Ausdruck bringt? Lévi-Strauss jedenfalls tut dies, um Mauss abermals den Vorwurf machen zu können, dem Phantasma des Unterschieds von Geben und Nehmen und damit der »subjektiven Illusion der *natives*« aufgesessen zu sein: »Das *hau* ist nicht der letzte Grund des Austausches: es ist die bewußte Form, in welcher die Menschen einer bestimmte Gesellschaft, in der das Problem eine besondere Bedeutung hatte, eine unbewußte Notwendigkeit erfaßt haben, deren Grund anderswo liegt.« (EWM 31)

Der strukturalistische – und damit ebenfalls in den Fängen einer lokalen europäischen Theorie formulierte – Grund der unbewussten Notwendigkeit, zu geben und zu nehmen, liege in der Vorgängigkeit der Beziehungen vor den einzelnen Elementen, der »ursprünglich relationalen« Logik des Sozialen, die als »ganze« und nicht in den *disiecta membra* ihrer unterschiedlichen Pflichten in den Blick genommen werden müsse. Dass diese »auf der *einen* oder *anderen* Seite stehen«, sei demgegenüber sekundär und abgeleitet: »Der Austausch ist kein komplexes, aus den Verpflichtungen zu geben, zu nehmen, wiederzugeben, und mit einem affektiven und mystischen Kitt konstruiertes Gebäude. Es handelt sich vielmehr um eine dem symbolischen Denken und durch das symbolische Denken unmittelbar gegebene Synthese.« (EWM 37) Kurzum: Der Austausch müsse als das »ursprüngliche Phänomen« angesehen werden, nicht aber seine »unsteten« und unverfugten »Operationen« (EWM 30f.).

Lévi-Strauss erteilt Mauss seine Belehrungen über die objektive Notwendigkeit des Gabentausches von der Warte eines wahrhaft olympischen Beobachters aus, für den die Ereignishaftigkeit, Einseitigkeit und Unberechenbarkeit, mit der die involvierten Individuen die Gabe erfahren und erleiden, nicht zum Phänomen und zur Sache selbst gehören. Doch es gibt keinen ortlosen Ort der Beobachtung, man steht immer nur auf der *einen* oder *anderen* Seite: Selbst als Beobachter nimmt Lévi-Strauss die Gabe des *Essays über die Gabe* in Empfang, um sie mit dem bitteren *gift* des Strukturalismus zu erwidern und alles das zu eliminieren oder zumindest doch an die zweite Stelle zu setzen, was die Gabe (und nicht der Austausch) in ihrer Fraglichkeit und eigentümlichen Kraft, auch und gerade mit ihrem Appell zur Gegen-Gabe, auszeichnet. Was zwingt zur Gabe? Für den strukturalistischen Lévi-Strauss, wie er sich namentlich in der *Einführung in das Werk von Marcel Mauss* gegen dessen Führung ins Gelobte Land der Soziologie zu behaupten versucht, sind es angeborene Prinzipen, unbewusste mentale Strukturen und ein Gegensätze aufhebendes symbolisches Denken, das die Subjekte zum Geben, Nehmen und Erwidern zwingt.

In *How the gift idea startet* allerdings, einem äußerst kurzen, journalistischen Gebrauchstext, den Lévi-Strauss für die Unesco geschrieben und 1955, also fünf Jahre nach seinem Einführungstext in das Werk von Mauss veröffentlicht hat, stellt sich ein in strukturalistischer Abrüstung befindlicher Lévi-Strauss ganz auf die Seite der schenkenden Individuen. Ohne jeden kritischen Objektivierungsanspruch wirft er nunmehr die Frage nach der Kraft der gegebenen Sache auf:

»›Die Art zu geben ist wichtiger als die Gabe selbst‹, so sagt man, und alle Menschen, ›wilde‹ oder ›zivilisierte‹, scheinen zu glauben, es sei besser, Dinge als Geschenke zu empfangen, als sie selbst zu erwerben, so als ob der Akt des Gebens – oder Empfangens – dem Ding einen Wert hinzugefügt habe. Die Maoris von Neuseeland glaubten, dass eine magische Kraft, die sie *hau* nannten, in die Gabe einginge und eine dauernde Verbindung zwischen Geber und Empfänger stiftete. [...] Für die Römer und ebenso für die Maoris waren Geschenke Dinge, die durch den Akt des Gebens mit einer besonderen Kraft ausgestattet waren. Woher kam diese Kraft? Durch den Austausch von Gaben, oft von rein symbolischem Wert, gaben die Menschen dem inneren Geist des Gemeinschaftslebens in einer nach außen sichtbaren Form Ausdruck – einer spontanen Anerkennung der Interdependenz untereinander. Das jährliche Neujahrsfest, bei dem Blumen und Süßigkeiten, Krawatten und illustrierte Karten den Besitzer wechseln, sollte man daher nicht lächerlich machen. Es ist eine Gelegenheit, bei der alle Menschen realisieren, dass die Gesellschaft, in der sie leben, auf eben diesem Prinzip des Gebens-und-Nehmens gegründet ist.«[115]

Lévi-Strauss vermag den von ihm selbst aufgerissenen Hiatus zwischen Innenansicht und Außenansicht, Subjektivität und Objektivität, nicht zu schließen. Beide Perspektiven stehen – ebenso wie die zwei 1950 und 1955 erschienenen Artikel – unverbunden nebeneinander, ohne dass es ihm gelingen würde, Brücken und Übersetzungsmöglichkeiten herzustellen, die erst die Aufklärungsbedürftigkeit und Erklärungsnotwendigkeit der »sozial erfolgreichen Fehlleistung« (WD 292) (namens Gabe) aus der höheren Warte kritischer Objektivität sinnfällig machen könnten. Doch man muss nicht auf angeborene Prinzipien zurückgreifen, um die Pflicht zu geben plausibel zu machen. Die performative Kraft der Gabe erzeugt sich in und durch sich selbst. *Indem* die Gabe gegeben wird, bringt sie etwas hervor, das es außerhalb von ihr und ohne sie nicht geben würde: einen seitens des Gebers nicht erzwingbaren Zwang zur Erwiderung. Die expliziten Gabenfeste inszenieren und exponieren eine – nicht selten unauffällige und implizit gewordene – kulturelle Praxis, die für das Leben in Gemeinschaft, der Pluralität der Singulare, irreduzibel ist. Das Eigentümliche des sozialen Lebens und seine kulturellen Praktiken bergen keine geheime oder gar höhere Rationalität, die nur durch eine objektive Kritik offengelegt und zugänglich gemacht werden könnte. Es verfügt vielmehr selbst über seine eigenen kulturellen Mittel und Medien, um sich die Fragilität seines sozialen Bindegewebes zu vergegenwärtigen und es durch Riten und Spektakel je von Neuem zu bilden und zu unterhalten. Die von Lévi-Strauss beschriebenen Weihnachtsfeste und Heischebräuche sind dafür ein beredter Beweis.

V. Jacques Derrida: Reine Gabe, unbedingte Gastfreundschaft und allgemeine Ökonomie

Das Konzept der »Ökonomie« spielt in der Philosophie Jacques Derridas eine weithin unterschätzte Rolle.[117] So gilt ihm die *différance* als *der* ökonomische Begriff überhaupt, der die »allgemeinste Struktur der Ökonomie« bezeichnet.[118] Mit Bataille unterscheidet der frühe Derrida eine Ökonomie im allgemeinen und im beschränkten Sinne,[119] ohne diese Unterscheidung auf einen einfachen Gegensatz oder Widerspruch zu reduzieren.[120] Die beschränkte Ökonomie steht auf der Seite der Tauschwerte, der gesteigerten Produktion und der reproduktiven Konsumtion, die den sinnlosen Verlust der Werte und die zwecklose Verschwendung von Reichtümern durch Akkumulation, Reinvestition und Verfemung zu verhindern sucht, sie jedoch in letzter Konsequenz – wie zahllose Beispiele katastrophischer Verausgabung, zumindest aus Sicht Batailles, bezeugen – keineswegs verhindern kann (VT 48 ff.). Die allgemeine Ökonomie vermag hingegen nicht auf die Kapitalakkumulation und Selbsterhaltung beschränkt zu werden, da sie mit der ziellosen Verschwendung der überschüssigen Energien, der absoluten Zerstörung ohne Sinn und Reserve, der exzessiven Gabe ohne Gegenleistung und dem Tod, kurz: da sie mit dem Anökonomischen »rechnet« und auf das Anökonomische in einer Weise »zählt«, in der selbst noch die Ökonomie für die Anökonomie nutzbar gemacht werden, von der Anökonomie benutzt werden muss,[121] wie Derrida in großer Nähe zu Bataille unterstreicht. Aus diesem Verständnis der allgemeinen Ökonomie speist sich eine spezifische Verpflichtung der Dekonstruktion, die sich, wie der späte Derrida im Rückblick auf sein gesamtes Engagement hervorhebt, in all ihren »Gesten« wiederfinden lasse: nämlich einen »(*immer noch* ökonomischen) Bruch mit der Ökonomie«[122] im Namen dessen zu vollziehen, was – wie die Gabe, die Gastfreundschaft, die Vergebung, das Versprechen oder die Erfahrung des Todes – der Ökonomie gegenüber heterogen ist.[123]

Eigentlich ist alles rätselhaft an dieser Formulierung: Warum muss der Bruch mit der Ökonomie als »*immer noch* ökonomisch« bezeichnet werden? Gibt es eine Unterbrechung der Ökonomie (im engeren und allgemeinen Sinne), die irgendwann *nicht mehr* ökonomisch genannt werden müsste? Und wodurch könnte sich, falls überhaupt, ein »*immer noch* ökonomischer Bruch« von einer *nicht mehr* ökonomischen oder gar von einer anökonomischen Unterbrechung unterscheiden? Kennt die allgemeine Ökonomie nur die ökonomischen Valeurs des Mehr-oder-weniger-Ökonomischen, da das Anökonomische in einer nachgerade teuflischen Zwangsläufigkeit immer wieder der ökonomischen Zirkulation zugeführt wird – und geschieht dies selbst dann, wenn das Anökonomische die Ökonomie für sich nutzbar gemacht hat? Vermag das Anökonomische nicht der Ökonomie zu widerstehen?

Der späte Derrida sucht indes mit der *différance* nicht nur den Verzug, die Vermittlung und »den Aufschub in der Ökonomie des Selben«, sondern die *différance* vor allem auch als *diaphora*, als Bruch, Ereignis des Un-möglichen und »Erfahrung des absolut Heterogenen« zu denken.[124] Damit verschreibt er sich einer europäisch-christlichen Tradition, der gegenüber er treu und untreu zugleich zu sein versucht – anders gesagt: der er aus Treue untreu werden muss, kompromittiert sie doch unablässig die unbedingte Hyperbolik des Anökonomischen und das von ihr geforderte

Opfer der Ökonomie, indem sie es einer höheren Ökonomie wiedereingliedert. Derrida sieht dieses widersprüchliche Erbe namentlich mit dem abrahamitischen Sohnesopfer,[125] dem Matthäus-Evangelium und der kantischen Ethik bezeichnet, die zwar ein Jenseits der Ökonomie, ein Opfer ohne Hoffnung, ohne Kalkül, ohne Belohnung und Wiedergabe eröffnen, doch das Anökonomische der rückkehrlosen Gabe erneut in eine »Ökonomie des Himmels« einschreiben (TG 338, 419, 421). Was bedeutet es, eine von den Fesseln der Gegenleistung befreite Gabe zu denken? Bedeutet es, die beschränkte Ökonomie zu unterbrechen und einer Anökonomie das Wort zu reden, die nicht (mehr) der »Ökonomie des Himmels« und des Opfers unterworfen wäre? Wie europäisch ist ein Denken der reinen Gabe? Gehört es *immer noch* der Geschlossenheit der abendländischen Metaphysik an oder durchbricht es diese bereits von innen heraus?

In *Falschgeld. Zeit geben*, jenem Buch, das Derrida dem Denken und Begehren einer reinen Gabe gewidmet hat, gilt seine ganze Aufmerksamkeit, zumindest streckenweise, Marcel Mauss' berühmtem *Essay über die Gabe*. Mauss ist darin den Gabensystemen der pazifischen Kulturen auf der Spur, die sich durch eine Mischung aus Gabe und Ökonomie, Freigebigkeit und Interesse, Verschwendung und Nützlichkeit auszeichnen und damit gerade die exklusive Geltung jener europäischen Unterscheidung zwischen »reiner Gabe« und Ökonomie in Frage stellen, wie sie sich in der Nachfolge des römischen Rechts hat herausbilden können.

In seiner Lektüre des *Essays über die Gabe* legt Derrida freilich eine frappierende Immunität gegenüber dem fremdkulturellen Sinn des pazifischen Gabentauschs an den Tag, um Mauss stattdessen wiederholt dem Vorwurf auszusetzen, die Gabe mit dem Tausch verwechselt und die Unterscheidung zwischen reiner Gabe und Ökonomie missachtet zu haben. Wenn es Derrida augenscheinlich nicht um ein interkulturelles Denken der Gabe zu tun ist, so fragt sich, von welchen Motiven seine Lektüre des *Essays* eigentlich angetrieben wird. Hätte sich der frühe Denker der *différance* und allgemeinen Ökonomie vor den fremdkulturellen Herausforderungen des Gabentausches, der den europäischen Gegensatz zwischen Gabe und Ökonomie hybridisiert, in derselben Weise abgeschirmt? Derrida jedenfalls räumt selbst ein, dass es ihm im Zeichen der *différance* noch stets darum gegangen sei, den Gegensatz zwischen Reinem und Unreinem, Eigentlichem und Uneigentlichem zu dekonstruieren.[126] Mit der Figur der rückkehrlosen Gabe und unbedingten Gastfreundschaft sei er hingegen ausdrücklich einem »Reinen« und »Unendlichen« auf der Spur.[127] Trotz der Emphase, mit der Derrida auf der Reinheit der Gabe und der Unbedingtheit der Gastfreundschaft besteht, will er der Ökonomie und dem bedingten Gastrecht irritierenderweise dennoch eine Chance geben. Damit aber nähert er sich der *mélange* von Gabe und Ökonomie, auf die Mauss so großen Wert legt, wieder an, ohne sie freilich als solche zu unterschreiben. Wie muss die Ökonomie der *différance* zwischen Mauss und Derrida gedacht werden? Und inwiefern taugt Derridas Denken der reinen Gabe und unbedingten Gastfreundschaft zu einer Kulturtheorie der Gabe?

1. Rückkehrlose Gabe[128]

In *Falschgeld. Zeit geben* versucht Derrida, die europäische Tradition und das christliche Erbe der Gabe an ihren eigenen radikalen Maßstäben zu messen und gegen sich selbst zu wenden. Für Derrida ist die Dekonstruktion dieser Erbschaft in der ihr eigenen Geschichtlichkeit und Ambiguität der denkbar radikalste Modus ihrer Bejahung.[129] So erinnert er mit Émile Benveniste an das Vierte Buch der aristotelischen *Topik*: »Geschenk ist eine Gabe, die man nicht wiederzugeben braucht.« (125 a; FZ 109) Derridas

Überlegungen stehen damit zweifellos unter dem Eindruck einer Problematik, die sich seit und mit Aristoteles angekündigt hat, wenn er die Möglichkeiten und Grenzen eines *formalen* Denkens der reinen Gabe absteckt, das sich in seiner Formalität von kulturellen Differenzen und Eigenheiten unabhängig zu machen sucht.

Diese formale Logik der Gabe stützt sich jedoch auf ein »semantisches Vorverständnis«, das ausdrücklich als »unser Vorverständnis« bezeichnet und mithilfe einer »Phänomenologie der Gabe« ausgelegt wird. Die »ternäre Struktur«, die das ABC der Gabe im Voraus festzulegen scheint, zwingt Derrida, das Pfand auf eine »Intention zu geben« und ein bereits konstituiertes Subjekt zu setzen: So sei es die Möglichkeitsbedingung einer jeden Gabe, dass ein mit sich identisches Subjekt in einem intentionalen Akt etwas, z.B. ein Ding, an ein anderes Subjekt gebe, das ebenfalls mit sich identisch sei. Das zweite für ihn entscheidende Vorverständnis gründet in der unnachgiebigen Entgegensetzung von Gabe und Tauschökonomie. Derrida beruft sich auch in diesem Fall auf einen »impliziten sprachlichen« beziehungsweise »ungeschriebenen Vertrag« (FZ 21 f.), der über die *für uns* vertraute Bedeutung des Wortes »Gabe« verfüge und jede Form der Rückgabe, Zirkulation und Ökonomie ausschließe. In dem Maße, in dem jede Reziprozität die Gabe zunichtemache, müsse bereits ihre symbolische, schuldhafte Anerkennung in Gestalt einer Danksagung, ja sogar die bloße Wahrnehmung und Erscheinung der Gabe als Zerstörung ihrer selbst bestimmt werden. Demnach dürften weder der Geber noch auch der Gabenempfänger die Gabe *als* Gabe auffassen. Ferner könne ihnen nicht gestattet werden, um ihrer selbst *als* Geber oder Empfänger zu wissen. Andernfalls handele es sich um eine zirkuläre, die Gabe annullierende Ökonomie der Wahrnehmung, Restitution, der Pflicht und Schuld. Mit sich identische oder in Identifizierung begriffene Subjekte, die sich selbst womöglich narzisstisch zu ihrer eigenen Freigebigkeit gratulierten, müssten ebenso wie identifizierbare Objekte als »Gabenstillstände« (FZ 37) aufgefasst werden. Vor dem Hintergrund dieser Epoché der phänomenologisch-hermeneutischen Etwas-als-etwas-Struktur erklärt Derrida »absolutes Vergessen, Nicht-Erscheinen, [...] Nichtwahrnehmung, [...] Nicht-Bewahrung« und Nichtpräsenz zu »Bedingungen der Gabe« überhaupt, um so auf das *double bind*, die Aporie, die Unsagbarkeit und Unmöglichkeit der Gabe zuzusteuern: Sobald es Gabe gibt, gibt es sie nicht mehr. Oder: »Sobald die Gabe erscheint, erscheint sie nicht mehr.« (FZ 26 f.) Die Gabe kann indes keine »bloße Nicht-Erfahrung, kein bloßes Nicht-Erscheinen«, nicht nichts sein. Teilt sie doch ihre Struktur mit dem Ereignis: »Keine Gabe ohne das Eintreten eines Ereignisses, kein Ereignis ohne die Überraschung einer Gabe.« (FZ 109, 155) Aus diesem Grund spricht Derrida von der Gabe stets mit der Einschränkung, »sofern« oder »wenn es sie gibt«. Die Möglichkeit der Gabe jenseits des Tausches kann nicht antizipiert, im Vorhinein gewusst und bewiesen werden, sondern muss »sich in gewisser Weise als unmöglich ankündigen«.[130] Sobald ihre Möglichkeit oder gar ihre Wirklichkeit als sicher angenommen, sobald sie zum Gegenstand des Wissens und einer konstativen Äußerung gemacht werden kann, hat sie ihren Ereignischarakter verloren. Zu geben heißt demnach, das Unmögliche zu denken, zu begehren und zu tun. Unmöglich ist die Gabe auch darin, dass sie die Fähigkeiten, Gewissheiten, den Besitz und die Habe des Gebenden übersteigt. »Wenn ich gebe, was ich geben *kann*, wenn ich gebe, was ich habe und deshalb geben kann, dann gebe ich nicht. Ein Reicher, der gibt, was er hat, gibt nicht.«[131]

Unter Berufung auf Plotin, Heidegger und Lacan legt Derrida Nachdruck auf die Formel: »geben, was man nicht hat«. Die Gabe dessen, was man nicht hat, etwa die Sprache oder die Liebe, kompliziert die Beziehungen zwischen der Gabe als einem bestimmten Gegebenen und der Bedingung für alles Gegebene und Präsente überhaupt. Die Grenzlinie zwischen Bedingung und Bedingtem ist von einer wesentlichen Instabilität gezeichnet. Idiomatische Wendungen – wie »das Leben schenken«, »den Tod« oder »die Zeit geben« – unterstreichen diese »Unentscheidbarkeit«, ja den »disseminativen Wahnsinn des Sinns Gabe« (FZ 76). Derridas Denken der Gabe läuft auf die »Beseitigung« der Objekte und die Zerstörung der ihrer selbst bewussten Subjekte hinaus: Es gilt, von der Gabe nur das Geben zurückzubehalten, »den Akt und die Absicht zu geben«, die ihrerseits *als solche* nicht bewusst werden dürfen: »Man müßte geben, ohne zu wissen, ohne Kenntnis und ohne Anerkennung, ohne Dank: ohne etwas, auf jeden Fall ohne Objekt.« (TG 437) Zweifellos findet diese Forderung einen gewissen Widerhall in der Lehre Jesu über das rechte Almosengeben – »so soll deine Linke nicht wissen, was deine Rechte tut« (Matthäus 6, 3).

Die »neue Ökonomie« der Bergpredigt, der christlichen Nächsten- und Feindesliebe bricht »alles, was sich im sinnlichen Körper von gleich zu gleich gesellt« und ein symmetrisches Paar bildet, auseinander: das rechte und das linke Auge, die rechte und die linke Hand, Schuld und Vergeltung (statt »Auge um Auge und Zahn um Zahn«). Auch wenn diese neue Ökonomie den absoluten Verlust in sich einschließt, auch wenn sie mit dem Tausch, der Symmetrie und der Reziprozität gebrochen hat, so setzt sie doch auf ein höheres ökonomisches Kalkül (TG 427 f.), ein Kalkül, das das eigene Heil im amputierenden Selbstopfer sucht: »[...] und wenn dich deine rechte Hand zur Sünde verführt, so haue sie ab und wirf sie von dir, denn es ist besser für dich, daß eins deiner Glieder verlorengeht und nicht dein ganzer Leib in die Hölle kommt.« (Matthäus 5, 27-30)

In *Falschgeld. Zeit geben* glaubt Derrida, sich kraft seines eigenen Begehrens und formalen Denkens der reinen Gabe »auf krasse und einschneidende Weise« von einer abendländischen Tradition, Metaphysik und Anthropologie verabschiedet zu haben, die die Gabe seit jeher mit der Schuld und dem Kreislauf der Rückgabe zusammengebracht habe (FZ 23 f.). Wie traditionslos, wie europäisch oder universal ist ein formales Denken der reinen Gabe? Wie werden Gabe und Ökonomie außerhalb Europas gedacht und praktiziert? Auch wenn Derrida vielerorts auf der Notwendigkeit der Dekonstruktion des Eurozentrismus besteht, so hat er diese beiden Fragen doch nirgendwo explizit gestellt. In *Falschgeld. Zeit geben* widmet er sich in einer längeren Passage Marcel Mauss' *Essay über die Gabe.* Was aber bildet den Anstoß für diese seine Lektüre, wenn es Derrida gerade nicht um die Frage nach den kulturellen Differenzen und Gemeinsamkeiten zwischen den europäischen und außereuropäischen Semantiken, Narrativen, Performativen, Körpertechniken und Praktiken der Gabe zu tun ist?

Der einst an der Dekonstruktion von hierarchischen Gegensätzen interessierte Derrida erhebt auf der Grundlage der strikten Entgegensetzung von Gabe und Tausch gegenüber Mauss wiederholt den Vorwurf, sich über deren offenkundige Unvereinbarkeit keine Rechenschaft abgelegt zu haben: Zum einen erwecke er den Eindruck, »nicht recht zu wissen, wovon er spricht«. So bringe das in sich widersprüchliche Wort »Gabentausch« auf schlagende Weise Mauss' Unsicherheit darüber zum Ausdruck, ob die außereuropäischen Gabensysteme »eher mit dem Namen Gabe oder mit dem Namen Tausch« bezeichnet werden müssten. Zum anderen irritiere es ihn »herzlich wenig«, dass beide unvereinbar seien und »eine getauschte Gabe« eine annullierte Gabe sei (FZ 54). Derridas »Enttäuschung« angesichts des Versuches über die Gabe betrifft demnach die Tatsache, dass Mauss »im Grunde niemals etwas über die Gabe *selbst* gesagt« habe (FZ 149, 37) und sein *Essay* in »Wirklichkeit [...], *als* ein *Essai* über das Nehmen« genommen werden müsse, obgleich er sich »als oder für einen Essai über die Gabe« ausgebe (FZ 110). Kurz: Mauss' Untersuchung enttäuscht vor allem Derridas eigenes Begehren nach einer reinen Gabe, ein Begehren, das – wie im Übrigen seine ganze Mauss-Lektüre zeigt – durch ein hartnäckiges Zurückweichen vor der kulturellen Fremdheit alles dessen bestimmt ist, was sich sowohl dem europäischen »Vorverständnis« der Gabe als auch dem Ereignis-Denken der un-möglichen Gabe entzieht. So orientiert sich Mauss bei seiner Untersuchung der Gabensysteme im Wesentlichen an der Frage nach dem »Grundsatz des Rechts« oder besser nach dem »Zwang«, der »bewirkt«, dass in den Gesellschaften am Rande des Pazifiks »das empfangene Geschenk obligatorisch erwidert wird. Was liegt in der gegebenen Sache für eine Kraft, die bewirkt, daß der Beschenkte sie erwidert?« (DG 19) In seinem Entwurf einer »allgemeinen Theorie der Verpflichtung« ermittelt Mauss den Entstehungsherd von moralisch-rechtlichen Imperativen im »Zwang« zur Erwiderung der Gabe. Dieser Zwang wird auf eine Besessenheitserfahrung zurückgeführt, die vom Empfang der fremden Sache und der mit ihr »vermischten« fremden Person herrührt. Der Gabenempfang ist das Ereignis einer alterierenden Besessenheit durch den Geber, der dank der ihm weiterhin zugehörigen Sache eine obsessive Macht über den Empfänger ausübt und ihn so zur Erwiderung der Gabe zwingt. Damit kann die Erfüllung der Pflicht zu geben, zu nehmen und zu erwidern nicht der autonomen Willens- und freien Handlungsmacht einer bereits konstituierten Person entspringen. Insofern kein pazifisches Subjekt mit sich identisch ist, weder von selbst noch durch sich selbst gibt, bedarf die Möglichkeit der Gabe stets eines besessen machenden inneren Fremdkörpers. Daher *muss* der *Essay über die Gabe* ein *Essay* über das Nehmen sein, er kann nicht anders, als die Erwiderungspflicht an die erste Stelle zu setzen, weil der mit dem Nehmen der Gabe inkorporierte Erwiderungszwang die Bedingung des Gebens darstellt. Mauss zufolge gibt es eine Gabe des Gabentausches, der Erwiderung, der Gegengabe und Ökonomie. Sobald es einer Gabe – etwa aufgrund eines exzessiven Überbietungspotlatch – nicht mehr gelingt, den Besessenheit auslösenden Zwang zur Erwiderung zugleich mit der gegebenen Gabe hervorzurufen, ist sie keine Gabe mehr und bar jeder zwingenden »Kraft«.

Die maßlose Freigebigkeit der einseitigen Gabe, die Derrida hingegen zu ihrem apriorischen Wesensgehalt erklärt (FZ 55) und die keine Verpflichtung zur Gegengabe provoziert, vernichtet in dem von Boas und Hunt beschriebenen Potlatchsystem nicht nur das Spiel der Gaben, sondern auch die Verbindungen und Verbindlichkeiten zwischen den einander fremden indianischen Gesellschaften. Würden sich die »moralischen Personen« auf Dauer einem exzessiven Geben hingeben, gäbe es nur endgültige Sieger und Verlierer in dem von den Kwakiutlindiandern so bezeichneten »rivals' fight with property«[132]. Damit aber wären die intertribalen Beziehungen gekappt, so dass sich das Risiko eines bewaffneten Krieges erhöhte. Wenn Mauss den kolonialistisch verursachten Wahnsinn des Potlatch, die »rückhaltlose Konsumtion« und die »reinen Vergeudungsgaben« als eine »monströse Ausgeburt [dieses] Geschenksystems« (DG 133) anprangert, dann tut er das nicht, wie Derrida glauben machen will, aus der Perspektive einer in die Bahnen maßhaltender Vernunft gelenkten Gabenpflicht. Es geht ihm vielmehr um die Herausstellung der kulturellen und außenpolitischen Bedingungen friedlicher Koexistenz. Der Gabentausch ist die pazifische Praktik der Pazifizierung. Die von Derrida reklamierte Einseitigkeit und Maßlosigkeit der Gabe missachtet indes nicht nur die historisch-kolonialen Voraussetzungen des Potlatch, sondern mutet den indianischen Gesellschaften aus einem Abstand von etwa achtzig Jahren den Kriegszustand zu.

Auch wenn Mauss ausdrücklich den »anti-ökonomischen Charakter« (DG 105) des Gabentausches betont, verwirft er doch zugleich Malinowskis Rede von einer »reinen Gabe«[133] und seine zwischen interesselosen und interessierten Transaktionen getroffene Unterscheidung (DG 131), die dieser für seine Ethnografie des trobriandischen Kula geltend gemacht hatte. Mauss zufolge sind die pazifischen Gabepraktiken stets von Motiven des Eigeninteresses und Eigennutzes durchdrungen; Motive, die darauf abzielen, den Anderen zu demütigen und die eigene Überlegenheit und Freigebigkeit unter Beweis zu stellen. Die »Hybridität« von Gabe und Ökononie, Freigebigkeit und Eigeninteresse, Freiwilligkeit und Verpflichtung ist für Mauss das entscheidende Kennzeichen des pazifischen Gabentausches. Es lässt ihn zum Abschluss seiner Untersuchung an der Tauglichkeit der von ihm verwendeten Begriffe »Gabe« und »Geschenk« zweifeln, da diese – zumindest im europäischen Verständnis – die Reinheit und Uneigennützigkeit einer entsprechenden Transaktion aufrufen (DG 131). Angesichts dieser Erwägungen ist es einigermaßen befremdlich, dass Derrida Mauss wiederholt den Vorwurf machen zu müssen glaubt, den »offenkundige[n] und sichtliche[n] semantischen Widerspruch zwischen der Gabe und dem Tausch« weder gesehen noch »problematisiert« zu haben (FZ 54). Allem Anschein nach will Derrida Mauss das Recht streitig machen, den Gabentausch *als* Gabe zu bezeichnen. Hätte Mauss jedoch im Sinne Derridas konsequent von Ökonomie gesprochen, dann wäre namentlich der »anti-ökonomische« Charakter dieser pazifischen Institution verloren gegangen: Die Hybridität des Gabentausches lässt die europäische Differenz zwischen Gabe und Ökonomie differieren, lässt sie im Namen einer »selbstlosen Ökonomie« und ökonomischen Selbstlosigkeit oszillieren, so dass die Reinheit dieser Differenz selbst in Frage steht.

Derrida verkennt nicht nur, dass sich Mauss über den Widerspruch zwischen Gabe und Ökonomie durchaus im Klaren ist, sondern auch, dass es Mauss um eine historische Datierung (im Gefolge der römischen Zwölftafelgesetzgebung) und um eine fremdkulturelle Infragestellung der Gültigkeit dieser Unterscheidung selbst zu tun ist. Die praktisch-politische Absicht seines *Essays*, die Derrida zu Unrecht auf eine rousseauistische Rückkehr zur Natur verpflichtet (FZ 89) und in ihrer Frieden stiftenden Ausrichtung verkennt, zielt auf die Infragestellung des *homo oeconomicus* und seiner moralischen Kehrseite, nämlich auf die zum grausamen Opfer ihrer selbst bereite christlich-kantische Person. Mauss hat für die Zukunft Europas nicht nur die »Rückkehr« zu einer verschwenderischen Ökonomie im Sinn. Es geht ihm außerdem um eine Gabenmoral, die es den »Klassen, Nationen und Individuen« erlaubt, »einander gegenüberzutreten, ohne sich gegenseitig umzubringen, und zu geben, ohne sich anderen zu opfern« (DG 142). Die fremdkulturelle Wahrheit des pazifischen Gabentausches besagt, dass die Gaben-Moral nicht anökonomisch und die Ökonomie nicht nur ökonomisch sein darf – sein Heil im einseitigen Selbstopfer und in der Selbstverleugnung zu suchen ist ebenso zerstörerisch wie eine Beschränkung auf eine utilitaristische Ökonomie und Moral.

Was also ist Derridas Motiv, Mauss zu lesen, wenn er so offensichtlich alle ethnografischen Besonderheiten der Gaben- und Potlatchsysteme, ja das Anliegen des *Essays über die Gabe* selbst außer Acht lässt oder gar verkennt? Auf dem Weg von *Sein und Zeit* (1927) zu *Zeit und Sein* (1968) geht es Derrida um eine problematische Zusammenführung von Heidegger und Mauss. Derrida unterscheidet die *temporalisation* – so die französische Übersetzung der ursprünglichen »Zeitigung« der Zeit,[134] die er als solche gegen Heidegger in Zweifel zieht – von einer *temporisation* – von einer Aufspreizung der Zeit. Derrida hat eine Zeit der *diffé-*

rance und einen auf Zeitgewinn abhebenden Aufschub im Sinn, wie er im Mauss'schen Begriff des Termins, der späteren Fälligkeit der Gabe und des Kredits, also in jenem zeitlichen Intervall impliziert ist, der die Gabe von ihrer Gegengabe trennt. Diese Erwiderungsfrist unterscheidet die Gabe von einem instantanen Tausch- oder Kaufvorgang (DG 64), der der homogenen und berechenbaren Ökonomie der Zeit unterliegt. Die Zeit, die die Gabe von der Gegengabe trennt, ist eine die chronologische Zeit unterbrechende, sie aufspreizende und rhythmisierende Zeit, die Mauss in einer Art apriorischer Synthesis mittels des Begriffs des Gabentausches zusammengefasst haben soll, nicht ohne auf eine »mysteriöse« Kraft der Gabe selbst zu verweisen. Es ist die der Gabe inhärente Kraft, die das Intervall der Zeitaufspreizung laut Derrida in das Zeitaufspreizung-werden der Zeitigung (*le devenir-temporisation de la temporalisation*) verwandelt (FZ 59). Unter der Maßgabe der Gabe geschieht die Zeitigung der Zeit als Zeitaufspreizung, ereignet sich die zäsurierende Belebung einer neutralen und homogenen Zeit durch den Wunsch nach Gabe und Rückerstattung, die dem gegebenen Ding als Kraft selbst eingeschrieben sein soll (FZ 57 f.). Als Zeitaufspreizung verweigert sich diese Kraft der Gabe der Berechnung und dem Maß. Insofern sie jedoch die potenzielle Gegengabe fordert, schränkt sie das Maßlose und Unberechenbare der einseitigen Gabe zugleich wieder ein. In diesem Sinne kann Derrida sagen: »Der Unterschied zwischen einer Gabe und einem beliebigen anderen Tauschvorgang liegt darin, daß die Gabe die Zeit gibt. Dort, wo es Gabe gibt, gibt es die Zeit, aber diese Gabe ist zugleich ein Verlangen nach Zeit. Es, das Ding, darf nicht unmittelbar und im selben Augenblick zurückgegeben werden.« (FZ 58 f.)

Überflüssig zu betonen, dass sich dies alles so nirgendwo bei Mauss findet. Doch trotz des kritischen und zuweilen arg polemischen Abstands, den Derrida gegenüber Mauss einzuziehen sucht, lassen sich zumindest zwei Scharnierstellen ausfindig machen, an denen Derrida eine systematische Annäherung an den *Essay über die Gabe* vollzieht und sich sein Denken der rückkehrlosen Gabe auf den Kreislauf der Ökonomie einlässt.

(1) Die Spanne und Spannung zwischen der Gabe und der Ökonomie kann nicht sichtbar, kann nicht präsent gemacht werden, und sie hat für Derrida daher eine gewisse Familienähnlichkeit mit der »transzendentalen Illusion« Kants. Ist eine »Theorie der Gabe [...] wesensmäßig außerstande, die Gabe zu denken« (FZ 44 f.), so muss ein Denken, das sich ganz und gar auf die Gabe einlässt, ihr gewissermaßen Kredit und Pfand gibt, ein die Gabe begehrendes Denken, ja das Performativ der Gabe selbst sein, auch auf die Gefahr hin, dass das gebende Tun und Sagen die Gabe vernichtet und von ihr nur noch als Trugbild und Simulakrum Rechenschaft ablegen kann. Insofern sich das Denken der *Gabe selbst* nicht in eine »Art getreue[r] Anbetung flüchten, in einen bloßen Glauben« an ein jenseitiges Gabenparadies versteigen, nicht rettungslos der Faszination durch die Gabe und gewaltsame Verausgabung erliegen darf, erlässt Derrida gegen sein eigenes Begehren die Anordnung: »Gib«. »So wisse denn auch noch, was geben *sagen will, wisse zu geben* [...], laß dich ein, selbst wenn dieses Sicheinlassen eine Zerstörung der Gabe durch die Gabe ist, gib du der Ökonomie ihre Chance.« (FZ 45)

Derrida versucht die Gabe nunmehr als dasjenige zu denken, was den ökonomischen Kreislauf in Gang setzt, ohne sich dabei restlos in den Tauschvorgängen zu verlieren. Auch wenn die Gabe als »Erster Beweger des Kreises« (FZ 46) fungiert, der der Ökonomie ihre Chance gibt, so bewahrt die Gabe gegenüber der Ökonomie einen irreduziblen Überschuss. Diesen anökonomischen Überschuss wird der »Kreis und der Ring niemals in sich aufnehmen, niemals begreifen oder annullieren können« (FZ 53). Es hat den Anschein, als ob die Gabe aus Sicht Derridas inmitten der Ökonomie die Kraft hätte, der Ökonomie zu widerstehen. Bemerkenswerterweise arbeitet Derrida diese Überlegungen in eben jenem Kontext aus, in dem Mauss in seinem *Essay über die Gabe* an der von Franz Boas gelieferten Erklärung des Potlatch eine entscheidende begriffliche Korrektur vorgenommen hatte. In seinem am 6. März 1897 in der *Victoria Province* abgedruckten Brief hatte Boas, wie schon gesehen, seinen politischen Widerstand gegen das Anti-Potlatch-Gesetz zur Sprache gebracht. Darin beschreibt er den Potlatch als eine der westlichen Ökonomie verwandte Form der indianischen Kapitalanlage, des Kredit- und Darlehenssystems.[135] Indem Boas die systematische Verwandtschaft zwischen indianischem Potlatch und westlichem Kreditsystem herausstellt, will er dem gesetzlichen Verbot des Potlatch und seiner kolonialmissionarischen Verurteilung (im Sinne einer irrationalen und unchristlichen Verschwendungspraktik) den argumentativen Boden entziehen. Mauss, der die politische Stoßrichtung dieser Rhetorik verkennt, ersetzt wiederum die von Boas verwendeten Begriffe »Schulden«, »Rückzahlung« und »Darlehen« durch die Wörter »Geschenk« und »Gegengeschenk«. Damit will er nicht nur eine »genaue Vorstellung von der Funktion des Kredits im Potlatch« (DG 63 f., Anm. 122) evozieren, sondern auch die »Verpflichtung des Gebens« zum »Wesen des Potlatch« erklären und eine kulturhistorische Priorität der Gabe gegenüber der Ökonomie behaupten (DG 71). Hinter dieser begrifflichen Korrektur macht Derrida zu Recht eine genealogische Absicht ausfindig, nämlich die »ökonomische Rationalität des Kredits auf der Grundlage der Gabe zu denken und nicht umgekehrt. Die Gabe wäre demnach das Originäre.« (FZ 63) Wie Mauss, so unterstreicht auch Derrida die Originarität der Gabe, insofern sie den »Anstoß« und »Antrieb« für den ökonomischen Kreislauf bildet. Zugleich aber kann die Gabe nicht unabhängig von der Ökonomie bestimmt werden, zumindest dann nicht, wenn es sich darum handeln soll, sie nicht nur zu denken, sondern auch zu praktizieren, wenn es also darum gehen soll, das Unmögliche zu tun: zu geben.

Derrida macht eine doppelte Gewalt geltend: »Die Gewaltsamkeit scheint innerhalb und außerhalb des Zirkels irreduzibel, sei es, um ihn zu wiederholen, oder sei es, um ihn zu unterbrechen.« (FZ 189) Gewaltsam erscheint demnach nicht nur die Annullierung der Gabe durch die Tauschökonomie; gewaltsam ist auch die Gabe selbst, sofern sie die Ökonomie unterbricht, sie anstößt und begründet. Diese irreduzible Gewalt der angemessenen und berechneten Gabe einerseits und der exzessiven Gabe andererseits muss selbst verantwortet und damit mehr oder minder ökonomisch begrenzt werden. Sobald man sich über diese zweifache Gewalt der Berechnung und Gründung Rechenschaft ablegt und sich ihrer beim Geben oder Rechnen bewusst wird, kommen Tausch und Ökonomie, Maß und Rentabilität, Berechnung und Kalkül, kommt *chronos* unweigerlich wieder ins Spiel (FZ 86). Die reine Gabe würde nicht nur »Gefahr laufen, abstrakt, utopisch, illusorisch zu sein«, wenn sie sich nicht auf die Ökonomie einlassen würde. Sie würde auch in unverantwortlicher Weise zu wüten beginnen im Bataille'schen Verausgabungsexzess und in der maßlosen Gründungsgewalt. Die Ökonomie indes, die sich nicht durch die Anökonomie in Frage stellen, herausfordern und unterbrechen lassen und sich stattdessen in der ihr eigenen Buchführung verschließen würde, wäre gegenüber der Gabe nicht minder maßlos und gewaltsam. Zwischen Gabe und Ökonomie herrscht demnach eine nicht dialektisierbare Antinomie, und doch sind beide widersprüchlich und »untrennbar verbunden«. Wie in einem Chiasmus implizieren sie »einander und schließen sich gegenseitig aus. Sie schließen einander in dem Moment ein, da sie einander ausschließen, sie trennen sich in dem Moment, da sie einander umschließen, in dem Moment [...], da sie sich einander aussetzen«, erweist sich die Gabe als mehr oder weniger gebend und die Ökonomie als mehr oder weniger ökonomisch (VdG 62 f.).

Vom Standpunkt der exzessiven Gabe aus betrachtet wäre die Gabe, die sich auf das Geben und damit auf die Ökonomie einließe, stets zu wenig; aus Sicht einer berechnenden Ökonomie aber wäre die Gabe je schon zu viel. Je mehr Gabe es gibt, desto schwächer ist die Ökonomie, je weniger Anökonomisches es gibt, desto stärker ist das ökonomische Regime. Zwischen Gabe und Ökonomie gibt es demnach eine Beziehung nach Art einer Ökonomie der *différance*. Ihr fügt Derrida die Figur einer Entgegensetzung von Gabe und Ökonomie hinzu, um die Heterogenität beider Elemente und zugleich ihre unauflösliche Verbindung zu denken.

(2) Die vielleicht vorbehaltloseste Annäherung an Mauss, die sich Derrida mit seinem an der platonischen Pharmazie für Ambivalenzen und Unentschiedenheiten geschulten Blick gestattet, betrifft die »Ambiguität«[136] der Gabe, die dieser am Beispiel der germanischen und skandinavischen Trinkgaben herausgestellt hat:

> »Nirgendwo hat die Ungewissheit über die gute oder schlechte Natur der Geschenke größer sein können als in jenen Bräuchen, in denen die Gaben im gemeinsam genossenen Trank, in gespendeten oder zu erwidernden Trankopfern bestanden haben. Der ausgeschenkte Trank kann ein Gift sein; zumeist, außer in finsteren Dramen, ist er es nicht, aber immer kann er es werden. Stets und in allen Fällen ist er ein Zauber (das Wort *gift* hat diesen Sinn im Englischen bewahrt), der die Trinkgenossen für immer verbindet und sich jederzeit gegen einen wenden kann, falls er das Recht verletzt.«[137]

Während Mauss hier mit Paul Huvelin vor allem die rechtlich-magische Sanktionskraft der Gabe im Auge hat, die sie bei Übertretung des Rechts unversehens in Gift verwandelt, macht sich Derrida die semantische Doppeldeutigkeit des Wortes *gift* (Gabe,

Gift) in verallgemeinernder Weise zunutze. Die implizite und »spontane« Bewertung der Gabe als ein Gut oder als etwas »Gutes« sei angesichts der Möglichkeit, dass das Gute jederzeit in sein Gegenteil (ins Böse, Schlechte, Giftige) umschlagen könne, unangemessen. Die positive Bewertung der Gabe müsse ferner aufgrund des Umstandes problematisiert werden, dass die Gabe den Empfänger zum Schuldner mache und ihm damit immer auch eine Beschämung, Erniedrigung antue, vor allem aber eine Verpflichtung auferlege (FZ 23). Weil die Gabe, sofern sie nicht vergessen werde, stets eine ungute Bindung, Verbindung, Verbindlichkeit und Verschuldung hervorbringe, lasse sie sich nicht auf die ideale Identität des Guten festschreiben. Indem Mauss die »monströsen Ausgeburten« des *Potlatch* verurteilt habe – allerdings, was Derrida hier verschweigt, um der Aufrechterhaltung des Gabentausches willen und im Namen intertribaler Bindungen –, habe er die Verkehrung der »reinen und guten Gabe« ins Schlechteste und damit die »Verkehrung als das Gesetz der Gabe erkannt« (FZ 88). In diesem Sinne sei Mauss dem Missverständnis entgegengetreten, das die Gabe an die Stelle eines moralischen Gutes und einer eidetischen Bestimmung setze.

Derrida unterstellt diesem »großen Gesetz des *Gift-gift*« (FZ 76) nicht nur dasjenige, was jeweils konkret, in einem dinglichen oder anderweitig identifizierbaren Sinne gegeben werden kann. Es betrifft aus seiner Sicht auch jene als transzendental zu bezeichnende Gabe, die nicht etwas Bestimmtes gibt, sondern, wie die Gabe der Zeit, die Bedingung des Gegebenen selbst gibt: So führe die Gabe der Zeit, der Anwesenheit und Präsenz auf die Gabe des Verschwindens, der Abwesenheit und der Nichtgegenwart zurück. Die Gabe des Lebens sei immer auch eine Gabe des Todes, die Gabe des Tages könne nicht ohne die der Nacht gedacht werden usf. Schließlich ließe sich das transzendental Bedingende und das empirisch Bedingte nicht durch eine markante Grenzlinie voneinander unterscheiden. Beide stünden vielmehr in einer »verwinkelten Unentscheidbarkeit« zueinander, »in der die Bedeutung nicht feststehen und sich umkehren können« (FZ 76). Angesichts dieser grenzenlosen Verallgemeinerung und strukturellen Zweideutigkeit der Gabe, die nunmehr jede Gabe zum unvermeidlich »vergifteten Geschenk« erklärt, kann das Begehren nach dem »Guten der Gabe, des Gebens und der Gebung selbst« nur noch zu einer »atopischen und utopischen Verrücktheit« (FZ 53) erhoben werden. Wie Nietzsche, der die europäische Moral »als Symptom, als Maske [...], als Krankheit [...], als Heilmittel, als Stimulans, als Hemmung, als Gift« begreift,[138] um ihr damit jede Wesenheit abzusprechen, umreißt auch für Derrida die Gabe das unbezeichenbare Geheimnis einer »aneidetischen«[139] Kraft. Diese »pharmazeutische Nichtsubstanz« der Gabe besteht nicht zuletzt darin, dass sie »weder in ihrem Sein, da sie dergleichen nicht hat, noch in ihren Wirkungen, deren Sinnrichtung unaufhörlich umschlagen kann«, im Voraus sicher berechnet und handhabbar gemacht zu werden vermag. Wenn überhaupt, dann müsse ihr der Status einer »vorgängigen Mitte« zuerkannt werden, »in der sich die Differenzierungen im allgemeinen« und die Unterscheidung zwischen Gut und Böse ereigneten. Die Gabe ist demnach analog zum platonischen Pharmakon als eine ambivalente »Mischungs-Mitte« zu denken.[140] Dann aber hätte man schließlich anzuerkennen, dass sich in ihr nicht nur jene Konfusion von Person und Sache, sondern auch jene Mischung von Ökonomie und Anökonomie im Mauss'schen Sinne einer »selbstlosen Ökonomie« und ökonomischen Selbstlosigkeit vollzieht, vor der Derrida die Gabe in seinem »Begehren nach Reinheit« (FZ 178) vergeblich zu bewahren sucht.

2. Gesetze der Gastfreundschaft

Mauss erinnert daran, dass das Wort *Potlatch* im Kwakiutl-Dialekt auch »die Bedeutung ›feeder‹, Ernährer habe, und wörtlich ›place of getting satiated‹, Ort, wo man gesättigt wird«. Aus seiner Sicht können sich diese »beiden Bedeutungen von Potlatch, ›Gabe‹ und ›Nahrung‹«, schon deshalb nicht ausschließen, weil »die wesentliche Form der Prestation, zumindest theoretisch, die der Nahrung ist« (DG 17). Auch für Derrida ist »das Beispiel der Nahrung [...] nie bloß ein Beispiel unter anderen« (FZ 23): Nahrung ist die elementare Gabe der Gastfreundschaft, die dem Fremden Schutz und Sicherheit für Leib und Leben zusichert, zumindest solange er sich im Hause des Gastgebers aufhält beziehungsweise solange man sich die gemeinsam genossene Speise als im Magen des Gastes befindlich vorstellt. Die Gesetze der Gastfreundschaft verwandeln Fremde in Verbündete. Nur in alimentärer Gabe und Bewirtung nimmt Gastfreundschaft Gestalt an. Der Parasit ist derjenige, der ungewollt und uneingeladen mitisst, wenn die Gesellschaft zu Tisch sitzt. Der Fremde jedoch, der als Gast willkommen geheißen und nicht als Feind oder Barbar von der heimischen Tafel ausgeschlossen wird, genießt, zumindest temporär, den rechtmäßigen Status des Hausgenossen. Die Griechen gewährten nur ihresgleichen Gastfreundschaft: »*xénos* verweist auf gleichartige Beziehungen zwischen Menschen, die durch einen Pakt gebunden sind, der mit präzisen, sich auf die Nachfahren erstreckenden Verpflichtungen einhergeht.«[141] Der namenlose Andere aber, der nicht in das gegenseitige System des Gastrechts, der Genealogien und Familiennamen eingebunden war und sich durch kein *symbolon* zu erkennen geben konnte, wurde vertrieben. Hat der *pater familias* etwa nicht Sorge zu tragen für sein Haus, soll er Gefahr laufen, einem Dieb, Mörder oder Verbannten Einlass zu gewähren? Die verschiedenen Kulturen der Gastfreundschaft kreisen um die Frage, ob die Bewirtung und das gemeinsame Mahl die Preisgabe der Identität allererst möglich, aber beileibe nicht erforderlich macht oder ob die Kenntnis des Namens (Wer bist Du? Wie heißt Du?) die Bedingung für die Öffnung des Hauses darstellt. Welches Gastrecht wird dem Fremden gerechter, dasjenige, das ihm die Tür öffnet und darauf verzichtet, ihn (polizeilich) zu identifizieren, ihn mit seinem eigenen Namen und in seiner Sprache anzusprechen, oder dasjenige, das wissen will, mit wem der Hausherr es jeweils zu tun hat, das also den Namen des Fremden kennen muss, bevor es diesem Einlass und Schutz gewährt? Ist der Fremde noch Fremder, wenn man weiß, wer er ist und wenn man mit ihm in seiner Sprache spricht (VdG 29, 22f.)?

In *Von der Gastfreundschaft* setzt Derrida im Rückgriff auf Platon, Sophokles und Benveniste verschiedene rechtliche Figuren des Fremden, der die Gesetze einer bedingten Gastfreundschaft genießt, dem ganz Anderen gegenüber, der aus einem wilden, barbarischen, prä-kulturellen und prä-juridischen Außen kommt und eine unbedingte Gastfreundschaft erfordert. Dieses wahre, dem namen- und statuslosen Anderen gewidmete Gesetz der Hospitalität gebiete gerade, mit der rechtlich geregelten Gastfreundschaft zu brechen. Stellt sich für Derrida in Zeiten der Teletechnologien, der Viren- und pornografischen Bilderströme die Frage, ob und inwieweit wir heute noch Erben dieser begrenzten griechischen Tradition (VdG 110) der Gastfreundschaft sind oder es vielleicht sogar in bestimmter – politisch-rechtlich-exekutiver – Hinsicht sein müssen, so zeigt sich, dass seine Gegenüberstellung von unbedingter und bedingter Gastfreundschaft sich in einem ungleich stärkeren Maße noch als die formale Entgegensetzung von Gabe und Ökonomie auf die Komplizität und Pervertierbarkeit dieses unbedingten Gesetzes im absoluten Singular durch die Gesetze der Gastfreundschaft im Plural einlässt. Von dieser Komplizität, also von dem ausgehend, was das unbedingte

Gesetz der Gastfreundschaft mit all dem vernetzt, was es pervertiert und verrät, versucht sich Derrida an einer elliptischen Definition von Kultur: »Die Gastfreundschaft ist die Kultur selbst.«[142]

Anders gesagt zeichnet sich das Kulturelle einer jeden Kultur durch ihre (ökonomisch betrachtet: mehr oder minder große) Öffnung, Empfänglichkeit, Durchlässigkeit und Hospitalität für das anonyme Andere und für Fremdes aus. Eine Kultur, die sich monadisch im System ihrer Autoimmunität vor jedem fremden Eindringling verschlösse und in ihren Grenzen isolierte, wäre ebenso unheimlich und (selbst-)zerstörerisch wie eine vollkommen für alle und alles durchlässige, jedermann gegenüber gastfreundliche, bis zur Maßlosigkeit empfangs- und kontaktbereite Kultur ohne innere Sammlung, Kapitalisierung und Identität.

Warum aber besteht Derrida – anders als Mauss, dem Derrida in den kulturtheoretischen Implikationen seines Denkens denkbar nahe gerückt ist – bei aller ökonomischen Valenz des Mehr oder Weniger auf dem singulären Gesetz einer absoluten, von keinen Bedingungen abhängigen Gastfreundschaft gegenüber der kulturellen Pluralität der vielen, bedingten, historisch entwickelten und tradierten Gesetze von Hospitalität? Und weiter: Aus welchem Grund muss das unbedingte Gesetz den bedingten Gesetzen radikal fremd gegenüberstehen und doch zugleich untrennbar mit diesen verbunden sein? Wie die reine Gabe, die »nicht als Norm, als soziale Vorschrift [existiert]«, sondern vielmehr »das Gesetz, die soziale Gabe [bricht]«,[143] weist Derrida auch dem absoluten Gesetz der Gastfreundschaft, das dem radikal Anderen gilt – gleichgültig, ob es sich nun um ein parasitäres, tödliches, animalisches, göttliches, monströses, technisches, natürliches, »lebendiges oder totes, männliches oder weibliches« (VdG 60) Anderes handelt –, einen Ort außerhalb beziehungsweise »über *den* Gesetzen«, kurz: den Status des Illegalen, Gesetzeslosen, um nicht zu sagen des Ausnahmezustandes zu. Die Unbedingtheit dieses Gesetzes aber besteht nicht nur darin, dass es sich von allen Bedingungen gelöst hat, sondern auch in der unbedingten Forderung, »wirklich, konkret, bestimmt werden [zu müssen]«. Andernfalls wäre es nur eine haltlose Illusion oder leistete einer ungebremsten ethischen Gewalt Vorschub und wäre so zum Wenigsten gastfreundlich. Um zu sein, was es ist und was es sein muss, nämlich unbedingt und absolut gastfreundlich in der für Staatenlose, Asylanten, politisch Verfolgte, Klimaflüchtlinge, Kriegs- und Vergewaltigungsopfer absolut bedrängenden Wirklichkeit des Hier und Jetzt, muss sich das singuläre Gesetz auf *die* Gesetze einlassen: es »braucht« und »*erfordert* sie«, auch wenn diese es beständig »negieren«, »jedenfalls bedrohen, bisweilen korrumpieren oder pervertieren«. In diesem Sinne hat das außerhalb der Gesetze stehende Gesetz seinen Platz zugleich »in« und inmitten der Gesetze. Umgekehrt können und dürfen die Gesetze der Gastfreundschaft im Plural nicht sich selbst überlassen werden. In diesem Fall würden sie aufhören, »Gesetze der Gastfreundschaft zu sein, wenn sie nicht vom Gesetz der unbedingten Gastfreundschaft geleitet, inspiriert, verdrängt, ja eingefordert würden« (VdG 62). So heterogen, wie das eine Gesetz und die vielen Gesetze zueinander stehen, schreibt das eine Gesetz doch die vielen anderen Gesetze, schreiben die Gesetze im Plural das Gesetz im Singular vor (VdG 105).

Auf wen oder was antwortet das *eine* unbedingte Gesetz bei seiner konkreten Einmischung in *die* Gesetze? Für Derrida stehen die vielen bedingten Gesetze der Gastfreundschaft in der Tradition des griechisch-christlichen Gastrechts (zu der die Stoiker, aber auch Paulus[144] und namentlich das kantische Weltbürgerrecht wegen seiner ausdrücklichen Einschränkung auf Bedingungen der allgemeinen Hospitalität gehören) auf der Seite des Oikos, der Ökonomie, das heißt der zirkulären und stabilisierenden Rückkehr der Gabe ins Eigene des eigenen Zuhauses.

Der Herr, der im Unterschied zum Sklaven sich selbst gehört, Identität besitzt, der der einzig Wichtige ist, der vermögend und er selbst, ja das Selbst (*autòs*) schlechthin ist,[145] erweist sich in den asymmetrischen Beziehungen des Oikos, die zwischen Vater und Sohn, Ehemann und Ehefrau, Herr und Sklave bestehen, nicht nur als patriachalischer und despotischer Herr des Hauses, der Sippe, Nachkommenschaft, des beweglichen und unbeweglichen, beseelten und unbeseelten Eigentums. Er ist auch derjenige, der die Gesetze der Gastfreundschaft in ihrer Beziehung zum Fremden und Feind (nicht aber zum absolut Anderen) macht und sie als solche repräsentiert. Ihm obliegt die exklusive Verantwortung für die Öffnung und den Schutz des eigenen Zuhauses, für das Ethos als Aufenthalt. Eigentum und Oikos bilden die Bedingung des Gastrechts: »Aber auch das bereitet hohe Lust, den Freunden oder Gästen oder Gefährten Gunst und Hilfe zu erweisen, was nur geschehen kann, wenn es ein Eigentum gibt«, wie Aristoteles betont (*Politik* II, 5 1263b 5). Vor diesem Hintergrund ist es nicht weiter erstaunlich, dass Derrida das griechische und bedingte Paradigma der Gastfreundschaft als phallologozentrisches Modell bezeichnet (VdG 106). Diesem setzt er mit dem singulären Gesetz der Gastfreundschaft ein anderes Denken der Bleibe entgegen, bei dem der Herr nicht mehr Herr im eigenen Hause ist, sondern selbst zum Exilierten, Pächter und Gast seines Domizils wird.

Dabei erweist sich zum einen die weibliche Andere als diejenige, von der aus die Eröffnung der Gastlichkeit und der Empfang des Hauses gedacht werden kann, die also jedem Besitz, jedem Bei-sich-zu-Hause des Herrn und Gastgebers vorausgeht. Zum anderen ist es der unbedingte Anspruch des Anderen selbst, der die Geschlossenheit des Hauses in seinen Grundfesten erschüttert, indem er den Charakter einer bezwingenden Heimsuchung annimmt. Entscheidende Anregungen für dieses ent-aneignende Denken der Gastfreundschaft, »die aus dem Subjekt einen

Gast und eine Geisel macht« (WzE 127), erhält Derrida von Levinas und seinem ersten Hauptwerk *Totalität und Unendlichkeit*, das er in *Das Wort zum Empfang* wegen seiner vielschichtigen »Lexik des Empfangs« als eine »unermeßliche Abhandlung über die Gastlichkeit« (WzE 76, 40) liest. Wie wird der Herr zum Besitzer und Gastgeber seines eigenen Hauses? Levinas jedenfalls macht dafür die Andersheit des weiblichen Seins verantwortlich, eines weiblichen Seins, das er als den »gastfreundlichen Empfang schlechthin« (TuU 222) bezeichnet. Dank des weiblichen Seins empfängt der Hausherr als empfangener Gast in seinem eigenen Haus erst jene vorbehaltlose Gastlichkeit, die er dem Anderen gewährt, der seinen Besitz paralysiert und das Sich des Bei-sich-zu-Hause in Frage stellt (TuU 247). Damit ist die Gastfreundschaft nicht zuallererst die freie Handlung eines vermögenden und absoluten Herrn, der bei sich selbst beginnt, sondern der passive Empfang der Gastlichkeit, ja des Empfangenkönnens selbst. Die Aktivität des Ich führt zurück auf eine passive Genesis des Empfangs der Empfänglichkeit. Das weibliche Sein gibt die Gabe der Gastfreundschaft. Der Gastgeber muss zuerst Gast in seinem eigenen Haus gewesen sein, die weibliche Gastfreundschaft und Intimität des Hauses aus den Händen der Frau empfangen haben, um dem Anderen und Fremden sein Haus öffnen zu können. Derrida schürzt diesen Levinas'schen »Knoten der Gastlichkeit« mit solch paradoxen Formulierungen wie: »Der Gastgeber ist sein eigener Gast« – »Der Einladende ist der von seinem Eingeladenen Eingeladene. Wer empfängt, wird empfangen« (WzE 62) –, nicht ohne zugleich auf zwei unvereinbare Lesarten hinzuweisen, die Levinas mit seinem Denken der Gastlichkeit provoziert: »eine androzentrische Hyperbel«, die das weibliche Sein ganz traditionell mit der Diskretion des Schweigens und der nicht-öffentlichen Intimität des Hauses in Verbindung bringt, und eine »feministische Hyperbel«, mittels deren sich das Denken der Gastlichkeit durch die Geschlechterdifferenz kompliziert: Die »vorursprüngliche Gastfreundschaft, das heißt nicht weniger als ein vorethischer Ursprung der Ethik«, müsse »von der Weiblichkeit aus definiert« werden. Der vorursprüngliche Empfang, das Empfangen selbst sei weiblich und finde »an einem nicht anzueignenden Ort, in einer offenen Innerlichkeit [statt], von welcher der Hausherr oder Besitzer seine Gastlichkeit empfängt, die er danach anbieten will« (WzE 64 ff.).

Der Herr ist Herr – und in diesem Sinne nicht mehr Herr seiner selbst und seines eigenen Hauses –, soweit er diesen seinen Status aus den Händen der Frau empfangen hat, die damit erst die Bedingung für die Offenheit, Empfänglichkeit und Gastlichkeit seiner Bleibe geschaffen und das heißt: die Bedingung sowohl für die vielen bedingten Gesetze der Gastfreundschaft als auch für das unbedingte Gesetz der Gastlichkeit selbst gestiftet hat. Auch wenn Derrida die Entscheidung zwischen diesen beiden Lesarten – der androzentrischen und der feministischen – in der Schwebe lässt, so ist es ihm in jedem Fall darum zu tun, das griechisch-phallologozentrische Modell des Oikos und begrenzten Gastrechts mit jenem jüdischen Denken der unendlichen Gastlichkeit, kurz: das griechische Haus durch das jüdische Haus, die Sesshaftigkeit durch jene im eigenen Haus erlittene Obdachlosigkeit in Frage zu stellen, auf die Levinas – im Ausgang von der Weiblichkeit – Nachdruck gelegt hat.

Der weibliche Empfang des Empfangenkönnens bezeichnet die Offenheit schlechthin für den kritischen Einbruch des Anderen, der die Selbstheit »vom Gewicht des Egoismus [befreit]« (TuU 437). Unendlich und bedingungslos aber ist die als solche auch von Levinas ins Auge gefasste Gastlichkeit an der Schwelle zur Ethik nicht zuletzt deshalb, weil sie vom unendlichen und unbedingten Anspruch des Anderen herrührt, der den Hausherrn heimsucht und seinen Vermögen – seinem Besitz, seiner Freiheit und seinem Egoismus – erst ihre ganze Berechtigung und Orientierung auf die Not des Anderen hin verleiht. Daher stellt Levinas das ethisch unhintergehbare Faktum der Ökonomie heraus: »Eine menschliche oder zwischenmenschliche Beziehung vermag sich nicht außerhalb der Ökonomie abzuspielen, man kann ein Antlitz nicht mit leeren Händen und geschlossenem Haus ansprechen.« (TuU 250) Die Gastlichkeit hat stets durch die Vermittlung der Dinge hindurchzugehen. Sie muss sich in materiellen Gaben zu erkennen geben und kann sich angesichts der Not des Anderen nicht mit schönen Worten und Gesten begnügen.

Die Heimsuchung durch den unbedingten Anspruch des Anderen, der den eigenen Besitz in Frage stellt und den Hausherrn zur bedingungslosen Gastlichkeit zwingt, erfährt in Levinas' zweitem Hauptwerk eine Radikalisierung, die Derrida mit der Formel »das Subjekt ist ein Gast und eine Geisel« vorbehaltlos zu unterschreiben scheint. In *Jenseits des Seins oder anders als Sein geschieht* richtet Levinas seine Aufmerksamkeit auf die leibliche Sensibilität und Verwundbarkeit des Subjekts, das in seiner rückhaltlosen »Exposition« (Darbietung, Auslegung, Ausgesetztheit) gegenüber der Andersheit des Anderen die »Niederlegung oder Niederlage der Identität des Ich« im »Sich« bedeutet (JdS 119, 50). Dem bezwingenden Befehl des Anderen (in Form einer »Vorladung«) und der ethischen Infragestellung durch den Anderen (als »Trauma einer Anklage«) verleiht die Sensibilität im Gegensatz zu *Totalität und Unendlichkeit* einen explizit gewaltsamen Charakter (JdS 51, 246). Das Subjekt, das sich solchermaßen zur »Geisel« des Anderen gemacht und zur Verantwortung wider Willen für den Anderen gezwungen sieht, tritt nunmehr in seiner Subjektivität als zerklüftet, als nicht-identisch mit sich auf: In dem Maße, in dem das Subjekt durch den Anderen im Kern gespalten und von ihm wie von einem fremden Gast besessen ist, wird es daran gehindert, mit sich übereinzustimmen und sich in seiner Immanenz einzuschließen.

Die Gastlichkeit beschränkt sich damit nicht mehr nur auf die Öffnung des Hauses. Sie nimmt vielmehr einen stark erweiterten Sinn an, der sich auf die »unablässige Entfremdung des [...] Ich durch den ihm anvertrauten« und besessen machenden Gast bezieht (JdS 178). Im Ausgang von dieser »Besessenheit« durch den Anderen, die den Leib und das innere Leben, den Hunger und die Empfindung beseelt, formuliert Levinas eine radikalisierte Version des Zwangs zur Gabe. Diese neue Ethik der Gabe begnügt sich nicht mehr, wie noch in *Totalität und Unendlichkeit*, damit, das Geben »auf ein bloßes Ausgeben von Erworbenem« zu beschränken. Das gebende Subjekt, das hier vornehmlich als ein »essendes Subjekt« in Betracht gezogen wird, gibt, wenn es dem Anderen etwas (zu essen) gibt, immer auch zugleich sich selbst: »sein Herz«, seinen Genuss, seinen Leib, kurzum, das Brot, das es gerade im Begriffe steht, selbst zu verzehren (JdS 134, 164). Wie Mauss, so führt auch Levinas den – aus seiner Sicht allerdings irreziproken, radikal einseitigen – Zwang zur maßlosen, bis zur Selbstzerstörung reichenden Gabe auf die Besessenheit des Anderen im Selben und nicht auf die freie und autonome Handlung eines vernünftigen Subjekts zurück, das aus eigenem Antrieb zu geben befähigt ist.

Auch wenn Derrida berechtigte Zweifel an dem familiären Schema, der androzentrischen und anthropozentrischen Zeichnung der Levinas'schen Hospitalität anmeldet, so schließt er doch zugleich an alle entscheidenden Überlegungen Levinas' an: Geber und Empfänger, Gastgeber und Gastfreund tauschen gewissermaßen ihre Plätze, wenn der Geber nur durch den Empfänger zum Geber, der Gastgeber nur durch den Gastfreund zum Gastgeber wird. Oder anders gesagt: »Der Gast wird zum Gastgeber des Gastes.« (VdG 90) Was das Selbe in seiner prekären Souveränität als Gastgeber ist, besitzt, geben und sein kann, verdankt es der Heimsuchung und Infragestellung, ja der Erfahrung, seines

Hauses und Ortes durch den namenlosen Anderen beraubt zu sein. Nur so findet das Selbe seinen Ort, sein Zuhause, ist es bei sich. Diese unberechenbare Chance, durch die Ankunft des Anderen erst Zugang zu seinem Ort, durch ihn erst Selbstzugehörigkeit zu finden, kann sich jederzeit ins schreckliche Gegenteil verkehren. Denn die absolute und unidentifizierte Andersheit des Anderen, dem die unbedingte Gastfreundschaft gilt, birgt die unkalkulierbare Gefahr, dass das Selbe einem Parasiten, Feind oder Mörder, dem radikal Bösen Einlass gewährt.

Die Unbedingtheit des Anspruchs, der vom Anderen ausgeht, gebietet die exzessive Maßlosigkeit bis hin zur Selbstvernichtung. Bei der »reinen Gastfreundschaft« geht es nicht darum, dem Anderen mehr zu geben, als man hat und als man ist, sondern ihm auch noch dasjenige zu geben, was man nicht hat, und zwar ohne Gegengabe und Rückvergütung. Wie die »reine Gabe«, so rührt auch das unbedingte Gesetz der »reinen Gastfreundschaft« an das Ereignis und das Unmögliche.[146] Soll das Unmögliche jedoch möglich werden, wie Derrida unentwegt einklagt und fordert, dann muss es sich kompromittieren, verraten und einschränken lassen, auch und zumal, um den zahllosen anderen Anderen (und nicht nur dem einen und einzigen Anderen) gerecht zu werden und in den Raum einer distributiven Gerechtigkeit und Politik einzutreten. Die Ethik der Gastfreundschaft und Gabe, die Derrida mit Levinas im Sinn hat, interveniert sowohl in die ethische Ordnung (im engeren Sinne der Gebote, Normen, moralischen Handlungsvorschriften) als auch in die politisch-rechtliche Ordnung (VdG 97): Beide Ordnungen werden dazu bestimmt, die exzessive ethische Gewalt, ja die perversen Effekte der unbedingten Gabe und Gastfreundschaft in Schach zu halten. Zugleich aber sollen die bedingten Gesetze mithilfe des unbedingten Gesetzes der Gastfreundschaft über sich selbst hinausgetrieben werden, um »jedem Ankömmling eine bedingungslose Aufnahme zu gewähren« (VdG 60).

Zwischen dem unbedingten und hyperbolischen Gesetz der Gastfreundschaft einerseits und den bedingten Gesetzen andererseits schlägt Derrida vor, praktisch-»vermittelnde Schemata« zu setzen, die im Namen des singulären Gesetzes »die besten Dispositive, die am wenigsten schlechten Bedingungen und die gerechteste Gesetzgebung« zu finden imstande sind, um in einer mit neuen Anforderungen aufgeladenen, nie dagewesenen Situation auf eben diese Anforderungen antworten zu können. Es gilt, die Risiken und Perversionen kalkulierbar zu machen, »ohne dem Unkalkulierbaren die Tür zu verschließen«[147].

Wie Mauss mit der Forderung nach einer sokratischen Politik der Gabe (DG 142), so ist auch Derrida am Politisch- und Praktischwerden der unbedingten Gastfreundschaft und Gabe interessiert, die »eine ganze Kultur« revolutionieren soll:

»Es ist nun eine politische Aufgabe, den besten legislativen Kompromiß zu finden, die besten juristischen Bedingungen, damit in einer bestimmten Situation die Ethik der Gastfreundschaft nicht in ihrem Prinzip verletzt und so gut wie möglich respektiert wird. Deshalb müssen Gesetze und Gewohnheiten, ja deshalb muß eine ganze Kultur verändert werden.«[148]

Auch wenn Mauss und Derrida zu ähnlichen politisch-praktischen Resultaten gelangen, so zeigt sich Mauss doch gegenüber den nicht-europäischen Praktiken der Gabe und Gastfreundschaft ungleich gastfreundlicher als Derrida. Die die europäische »Zivilisation« herausfordernde fremdkulturelle Wahrheit des Gabentausches besagt, dass die Moral nicht anökonomisch und die Ökonomie nicht amoralisch sein kann. Das im Schlussteil des *Essays über die Gabe* entwickelte »soziologische Programm« steht unter der Ägide eines performativen Ethos. Es zieht sich wie ein untergründiges Filigran durch den gesamten Mauss'schen Text. Diese Affinität von Theorie und Ethos, in der Derrida fälschlicherweise ein »rousseauistisches Schema« zu erkennen glaubt (FZ 89 f.), wird am deutlichsten an der Besessenheit greifbar, mit der Mauss Europa mindestens sechsmal explizit zu einer »Rückkehr« zur Gabe und zur Wiedergewinnung ihrer rituellen Gesten aufruft. Die inversive Ethnografie der Gabe zeugt selbst von der obsessiven Kraft der gegebenen Sache, über die sie spricht. Mauss ist es allerdings nirgendwo um die direkte Wiederbelebung jener Obsession zu tun, in die ihn selbst der Empfang der pazifischen Gaben versetzt. Denn wie jede andere Fremderfahrung, so lässt sich auch das Gabenereignis weder predigen noch auch vorwegnehmen. In all diesen Aufforderungen stehen vielmehr die Rückkehr zu bestimmten kulturellen Praktiken, Sozialtechniken, zu einschlägigen Gesetzgebungen und die Hinwendung zu buchstäblich revolutionären Reformen in Frage. Sie könnten die »heutigen Gesellschaften« Europas wieder in eine deutlichere Nähe zum *Potlatch*, zum *Kula*-Ring, zum *nexum*, zur *Liturgie* oder *Choregie* bringen und so den Abstand zwischen den pazifischen und europäischen »Zivilisationen« durch eine geteilte Realität und konkrete »[sokratische] Politik« (DG 142) der Gabe verringern.

Angesichts der pazifischen Erkenntnis, dass die Moral nicht anökonomisch und die Ökonomie nicht amoralisch sein kann, führt Mauss mit dem Gabentausch die unauflösliche »Mischungs-Mitte«[149] von Gabe und Ökonomie vor Augen. Ausgehend von der untrennbaren Verbundenheit des singulären Gesetzes mit den vielen Gesetzen der Gastfreundschaft, der Gabe mit der Ökonomie, scheint uns Derrida schließlich nichts anderes sagen zu wollen als: Es gibt keine reine Gabe und äußerste Geschenkhaftigkeit: die unbedingte Gastfreundschaft ist unmöglich. Daher muss der Bruch mit der Ökonomie ein »*immer* ökonomischer Bruch«[150] sein, der sich im Spektrum des Mehr oder Weniger, das heißt in der ökonomischen Sphäre der *différance* abspielt: Man kann nur mehr oder weniger gastfreundlich, mehr oder weniger offen oder geschlossen, mehr oder weniger gebend sein. Doch unter dieser Voraussetzung gibt es nicht jenen (immer noch ökonomischen) Bruch zwischen dem frühen und dem späteren Ökonomieverständnis von Derrida, den wir zu Beginn angedeutet haben. Die Unendlichkeit, die Unbedingtheit und Reinheit, die für Derrida mit der einseitigen Gabe und Gastfreundschaft auf dem Spiel stehen, rühren von der unendlichen Andersheit und dem unbedingten Anspruch des Anderen her, in dessen Zeichen offenbar auch die allgemeine Ökonomie und die ökonomischen Strategien im engeren Sinne ihre eigentliche Bedeutung erhalten müssen.[151] Was Derridas und Mauss' Gabenverständnis unterscheidet, ist eben dieser Unbedingheitsanspruch des Anderen, mit dessen Hilfe sich Derrida einer affektiven Kraft versichert, die die Ökonomie im Namen der Gabe über sich hinaustreibt. Auch Mauss' Denken der Gabe kommt nicht ohne eine affektive Kraft aus, der »Kraft der Sache selbst« als jener – von Derrida so beharrlich ignorierten – Besessenheit durch die Inhabung der mit der fremden Sache vermischten fremden Person, die zur Gabe zwingt und dazu nötigt, über die ökonomische Schatzbildung hinauszugehen, und zwar mit dem unkalkulierbaren Risiko der (Selbst-) Zerstörung und Maßlosigkeit. Ist für Mauss der Gabentausch eine, wenn nicht *die* kulturelle Praktik der Bildung und Unterhaltung von Sozialität, so beharrt Derrida auf der von allen Bedingungen gelösten Einseitigkeit und Rückkehrlosigkeit der apriorisch maßlosen Gabe, wohl wissend, dass sich die Kultur der Gastfreundschaft und Gabe stets nur in der ökonomischen Valenz des Mehr oder Weniger, der »Mischungs-Mitte« der Gabenökonomie, ereignen kann:

»Die Gastfreundschaft ist die Kultur selbst und nicht eine Ethik unter anderen. In dem Maße, in dem sie an das *ethos* rührt, das heißt an die Bleibe, an das zu Hause, an den Ort, an dem man vertraut unter sich ist, an die

Art und Weise, dort zu sein, sich zu sich und zu Anderen, zu Anderen als den Seinen oder als den Fremden zu verhalten, ist *die Ethik Gastfreundschaft* und der Erfahrung der Gastfreundschaft durch und durch ko-extensiv, in welcher Weise auch immer man sie öffnet oder begrenzt.«[152]

VI. Michel Serres: Schnorrer, Schmarotzer und Parasiten

»Was uns entzweit und unterbricht, wer da unser Brot ißt und unsere Botschaften stört, das ist der Parasit. Der Gast wird zum Herrn, und er macht einen fürchterlichen Lärm.« (DP 202)

In seiner Schrift *Le Parasit* versucht sich Michel Serres an einer Theorie der Gabe im Zeichen eines exzessiven Nehmens, das die Kultur der Gabe und die zweiseitige Ordnung des Tausches aus den Fugen bringt. Dabei macht er sich die dreifache Bedeutung des französischen Wortes *parasit* zunutze, das sowohl das physikalische Rauschen (die Störung einer Nachricht durch Lärm, Chaos, Tohuwabohu) als auch ein lebendes Tier (Räuber, Aastiere, Protozoen, Viren, Mikroben) und in der intersubjektiven Beziehung den dreisten Schnorrer, Nassauer, Zechpreller und Schmarotzer bezeichnet, der beständig nimmt, ohne zu geben, und als ungebetener Gast bedenkenlos die Gastfreundschaft missbraucht (DP 20). Diese vielköpfige Familie des Parasiten erlaubt es Serres nicht nur, die verschiedenen lokalen Wissensbereiche der Kommunikation, Informatik und Physik, der Biologie und Parasitologie, der Anthropologie, Literatur, Ökonomie und Moral zusammenzuführen und sie auf ihre Interferenzen und Differenzen hin zu befragen. Von der »Erforschung der parasitären Funktion« in ihrer globalen und formalen Dimension verspricht er sich darüber hinaus die Errichtung einer reflexiven, ja philosophischen Durchgangszone, in der sich die exakten Naturwissenschaften nicht mehr von den unscharfen Humanwissenschaften unterscheiden (DP 282).

Wer ist, was ist der Parasit? Wirt oder Gast, Sein (beziehungsweise Wesen) oder Relation? Gemäß seines Projektes einer unscharfen, der Wahrung von Komplexität[153] gewidmeten Vernunft bleibt Serres gegenüber Definitionsversuchen und Identifizierungsoperationen skeptisch. Doch ist es vor allem die ambigue Natur des Parasiten selbst – der kraft Mimikry jede Identität, auch die des Wirtes, annehmen, sich unaufhörlich an die Stelle anderer setzen, in jede Beziehung eindringen und nicht zuletzt epidemisch und massenweise auftreten kann –, die es verbietet, diese Fragen eindeutig beantworten zu wollen. Folgt man den Spuren der Etymologie, so hat man es vor allem mit alimentären Beziehungen zu tun: Im strikten und figurativen Sinne gehört der Parasit in den Bereich des (ungebetenen) Mitessers; er ist derjenige, der mit und neben (*para*), das heißt in geringfügiger Distanz zu einem anderen, (dessen) Nahrung (*sitos*) verzehrt (DP 217, 220), der »vom Wirt, durch ihn und mit ihm und in ihm [lebt], *per ipsum et cum ipso et in ipso*« (DP 255). Nicht immer hatte jedoch der Ritus des *parasitein* einen schlechten Beigeschmack. Wie Athenaios in seinen *Deipnosophistai*[154] berichtet, wählte der Parasit in der attischen Demokratie als heiliger Beamter auf Zeit das beste Getreide für das Monatsopfer aus und durfte dessen Reste vertilgen.[155] Nicht von ungefähr untersucht Serres daher zumeist und zunächst Narrative missbräuchlicher Mahlzeiten und verratener Gastfreundschaft: Neben vielen anderen Erzählungen La Fontaines Fabel von der »Stadtratte und Landratte« oder Molières *Tartuffe*. Denn die Literatur hat bereits – lange vor den Human- und Naturwissenschaften und vor der Philosophie zumal – alles über den Parasiten gewusst, ihm zugleich eine Bühne bereitet und eine Szene gemacht.

Ohne die zerstörerische, missbräuchliche und verachtete Logik des Parasiten zu leugnen, ist es Serres zweifellos um eine Umwertung der Werte von Geben und Nehmen zu tun, die ausdrücklich nicht dem Produktions-, sondern dem Konsolidierungs- und »Konstruktionswert« (DP 103) des Parasiten gilt: Der Parasit wird zum Stifter einer je neuen Ordnung, zum Agenten der Stabilität, eines neuen »Hyper-Gleichgewichts« (DP 256) und der Veränderung von Systemen erklärt. In dieser Geste und Operation der Neubewertung erlangt er rasch einen ubiquitären und universalen Charakter: »Der Parasit ist überall« (DP 148), ein jeder ist Parasit, vor allem aber geht der Parasit der Gabe, dem Tausch und der Gerechtigkeit voraus; er ist ursprünglicher als diese stets gefährdeten, zerbrechlichen, instabilen und für Serres äußerst seltenen Ordnungen der Balance und einer gewissen Zweiseitigkeit, die den asymmetrischen, strikt einseitigen und unumkehrbaren Beziehungen, die die Parasiten unaufhörlich etablieren, nur mit gewaltigen Anstrengungen abgerungen werden können. Der Missbrauch von Gabe und Gastfreundschaft geht dem Gebrauch und geregelten kulturellen Brauch vorher (DP 17, 256). Doch es fragt sich, ob diese von Serres betriebene Marginalisierung der Gabe nicht von uneingestandenen Voraussetzungen zehrt.[156] Setzt die parasitäre Funktion nicht die Ordnung dessen voraus, was sie jeweils aushöhlt und verzehrt: das System von Sender und Empfänger, das Wirtstier, Haus und Eigentum, Produktion, Gastfreundschaft und Ökonomie? Inwieweit können Wirt und Eigentümer, Produzent und Geber selbst noch von der parasitären Dimension aus gedacht werden? Hier empfiehlt es sich zunächst, auf jenen kurzen Text einzugehen, in dem Serres in wenigen Strichen den Eindruck seiner Erstlektüre von Marcel Mauss' *Essay über die Gabe* wiedergibt: *Hermes tritt auf: Don Juan*, um sodann die in *Der Parasit* vollzogene Umwertung der Gabe selbst zu rekonstruieren, die sich darum bemüht, in jeder noch so freimütigen Gabe die verblichenen Spuren eines parasitären Nehmens freizulegen. Bemerkenswerterweise findet diese Verallgemeinerung der parasitären Heimsuchung eine entscheidende Grenze an der »universellen« Gastlichkeit der Frau und den sogenannten Quasi-Objekten, die damit für eine gewisse Irreduzibilität der Gabe einstehen. Schließlich gilt es, die kulturtheoretischen Implikationen des Parasiten als Figur des ein- oder ausgeschlossenen Dritten aufzuspüren, der hier gerade nicht in seiner bevorzugten Rolle als neutraler Vermittler von Konflikten, sondern vielmehr als Störenfried, Unterbrecher und Erreger auftritt: Serres' Meditationen über den Ursprung des Eigentums, die (agri-)kulturellen Praktiken der Flurbereinigung und religiösen Gesten des *templum* liefern dafür wichtige Hinweise und belegen zugleich eine Ökonomie des Parasiten in einem fragilen Gleichgewicht zwischen Zuviel und Zuwenig: Das exzessive und gefräßige Nehmen, das die Kultur der Gabe ausnahmslos zum eigenen Nutzen beugt, erweist sich als ebenso zerstörerisch und tödlich wie all jene Kulturen, Ordnungen oder Systeme, die die Parasiten – ohne sie willkommen zu heißen, sich an sie zu gewöhnen und sich von ihnen thermisch anregen zu lassen – mit der Wurzel auszureißen versuchen. So vergeblich solche Ausschlussoperationen auch sein mögen (die Parasiten kehren stets zurück, gegen sie ist kein Kraut gewachsen), so bezeugt diese parasitäre Ökonomie einmal mehr die Unhintergehbarkeit der Gabe.

1. Tausch und Täuschen

In seinem 1968 erschienenen Artikel *Hermes tritt auf: Don Juan* macht Michel Serres mithilfe der Molière'schen Komödie *Don Juan* die Beobachtungs- und Dramatisierungsgabe der Literatur augenfällig, die mit je ihren Mitteln der Darstellung, Erzählung und

Inszenierung das Pensum einer unzeitgemäßen Soziologie antritt. Molière ist Serres ein »wissenschaftlicher Beobachter der Gesellschaft«; Don Juan wird zum »Spezialisten für die Ottomanen und ihre archaischen Tauschrituale« und schließlich zum »Heros der Moderne« erklärt, der die »zeitgenössische Gesellschaft als einen primitiven Stamm« vorführt (DJ 327, 341). In den ersten Zeilen des *Don Juan* und der Eloge auf den Tabak – dieses von den Frommen und von staatlicher Seite so übel beleumdeten Krautes, das zu Lebzeiten Molières erst seit einem Jahrhundert in Europa bekannt und gebräuchlich war – findet Serres ein *»reduziertes Modell«* (DJ 329) der Gabe und des Gabentausches. Als Disposition, Spielregel, Drohung und tödliche Sanktion beherrscht es nicht nur die Komödie und sämtliche Wendungen ihrer Handlung, sondern auch das soziale Leben der französischen Gesellschaft zur Zeit Ludwigs des XIII., der den Verkauf von Tabak im Übrigen gesetzlich verboten hatte (FZ 149). Sganarell stimmt das Lob des Tabaks unter Zurückweisung der gesamten Philosophie an:

»Aristoteles und die ganze Philosophie, sie sollen sagen, was sie wollen! Es geht nichts über den Tabak. Das Schnupfen ist die Leidenschaft der ehrenwerten Leute, und wer ohne Tabak lebt, ist überhaupt nicht wert zu leben. [...]; erst durch ihn wird man so recht ein ehrenwerter Mensch! Wie artig bedient man sich seiner gemeinsam mit aller Welt, wenn geschnupft wird; mit Wonne bietet man ihn zur Rechten und zur Linken an, wo man sich auch befinden mag. Ja, man wartet gar nicht erst ab, bis man darum gebeten wird, man kommt den Wünschen seiner Mitmenschen zuvor, so sehr erfüllt uns der Tabak mit den menschenfreundlichsten und tugendhaftesten Gesinnungen.«[157]

»Wie ist Gesellschaft möglich?«[158] Das zuvorkommende Angebot und der gemeinsame Genuss des Tabaks ist eine Form der Vergesellschaftung und eine kulturelle Praxis des Gebens und Empfangens – auch und gerade »außerhalb des Tausches« und der Zirkulation nützlicher Gegenstände –, von der Mauss und Simmel behaupten, dass ohne sie »überhaupt keine Gesellschaft zustande kommen« könnte: »Das Geben überhaupt ist eine der stärksten soziologischen Funktionen.«[159]

Doch bereits in *Hermes tritt auf: Don Juan* lässt sich bei Serres das Bestreben erkennen, diese Funktion mithilfe der Figur des Schuldners, Lügners und Frauenverführers namens Don Juan zugunsten eines missbräuchlichen Nehmens und Betrügens zu beugen und als allgemeine Regel des sozialen Lebens auszugeben. Don Juan höhlt das Modell des Tabaks aus, und er ist nicht der Einzige, der das tut und das Tabakverhalten pervertiert. Entscheidend dafür ist aus Sicht Serres' die parasitäre Verletzung des Äquivalenzprinzips von Geben und Erwidern. Doch kommt es beim Gabentausch nicht so sehr darauf an, dass Gleiches oder Gleichwertiges, als vielmehr darauf, dass etwas für etwas anderes gegeben wird: Der Dank für ein erhaltenes Geschenk oder einen Freundschaftsdienst, die Einhaltung des Heiratsversprechens für Mitgift und Ehefrau, ein Festschmaus für die weit gereisten Beerdigungsgäste: also Symbolisches für Materielles, Habitus und Handeln für die empfangene Frau, Gastfreundschaft für rituelle Beileidsbekundungen und affektive Anteilnahme. Insofern sind die Äquivalenzgesetze des Gabentausches, die Serres hier geltend macht, dass nämlich »Gut für Gut, Wort für Wort, Liebe für Liebe« (DJ 331) gegeben wird, Gesetze des Tausches und der Ökonomie, nicht aber des Gabentausches in seiner zugleich anökonomischen und ökonomischen Mischungsmodalität: In der Liebe kann niemand zur Erwiderung und Gegenliebe verpflichtet werden; ein gegebenes und gehaltenes Wort zieht nicht automatisch ein erfülltes Versprechen als Gegenleistung nach sich. Anders steht es indes mit den Gütern: Die Schuld muss zu einem fälligen Termin und mit Zinsen zurückgezahlt werden, wenn man nicht als Dieb und Betrüger gelten will.

Der Betrug Don Juans gegenüber seinem Gläubiger besteht daher nicht darin, wie freilich Serres mutmaßt, dass er »die drei Gesetze des Austauschs überkreuz« anwendet, sondern darin, das Register gewechselt und die ökonomisch-rechtliche Beziehung zu seinem Gläubiger gewaltsam in eine Gabenbeziehung umgewandelt zu haben: Der Gläubiger wird mit leeren Worten und geheuchelter Liebe abgespeist, ohne zu erhalten, worauf er vertraglich Anspruch hat: »Mit Worten bezahlt, mit Liebe bezahlt, geht Monsieur Dimanche ab, in dem Bewußtsein überfahren, zum Schweigen verurteilt und gezwungen worden zu sein, mit leerer Börse abzuziehen.« (DJ 330 f.) Die zweite Szene, mit der Serres glaubhaft machen will, dass Don Juan die Praxis der Gabe notorisch travestiert, ist die des Almosens, das, wie das gesamte barmherzige Verhalten gegenüber den Armen, »eine Gabe ohne Gegenleistung« (DJ 332) darstellen soll. Doch es handelt sich hierbei ebenfalls um eine ungenaue Charakterisierung, wenn man bedenkt, dass das christliche Almosen als gutes Werk fungiert, das vor allem das jenseitige Schicksal des Spenders verbessern helfen soll. In dieser »Ökonomie des Himmels« droht der Arme als Adressat der Gabe beinahe zu verschwinden. Die Bereitschaft des Bettlers, das Almosen anzunehmen und dem Spender so zu göttlicher Belohnung zu verhelfen, erweist sich selbst als Gabe. Der Bettler ist – ebenso wie der von Serres in seiner konstruktiven Dimension konturierte Parasit – ein nehmender Geber, nicht jedoch der bloße Empfänger einer einseitigen und unerwiderbaren Gabe, wie Serres und Derrida (FZ 183) hier in unvermuteter Einmütigkeit annehmen (und auch nicht, wie Serres in Bezug auf den destruktiven Charakter des Parasiten sagen wird, ein bloß rücksichtsloser Nehmer). Obgleich Serres also die Einseitigkeit und Irreziprozität des Almosengebens nachdrücklich betont, scheint es ihm zugleich nicht anstößig zu bemerken, dass der Bettler täglich dafür bete, »daß die großzügigen Spender belohnt werden mögen«, und er nicht davon ablasse, »den Himmel ›um alles Gute‹ für sie zu bitten. Der Nehmende gibt *heilige Worte*, die dem Spender seinerseits Ertrag bringen sollen.« (DJ 331) Zweifellos ist das Almosen eine Gabentauschbeziehung, in der sich auf Seiten des Gebers kalkulierter Eigennutz und Freigebigkeit mischen und sich der Empfänger im Gegenzug zur Danksagung und Bitte um göttliche Fürsprache für den Spender genötigt sieht. Hier gilt: klingende Münze für klingende Worte.

Don Juan indes, so fährt Serres, weiterhin um terminologische Genauigkeit unbekümmert, fort, »verlangt eine Gegenleistung bei dem einzigen Tausch, der frei davon sein soll«. Was aber ist ein Tausch ohne Gegenleistung, so möchte man hier mit Derrida fragen, wenn nicht eine reine Gabe ohne Dank, Schuld und Erwiderungspflicht. Don Juan verlangt vom Bettler als Gegenleistung für seinen Sou nicht »das *sakrum* des Gebetswortes«, sondern eine Blasphemie: »Er gehört dir, sobald du fluchst.« Damit aber soll sich Don Juan in eine »symmetrische Position« gegenüber dem Bettler gebracht haben, und zwar in der einzigen sozialen Situation, in der, Serres zufolge, Asymmetrie gilt. Indem Don Juan die Regeln des Almosens bricht, aus Einseitigkeit Zweiseitigkeit macht und vom Bettler jene falsche Gegenleistung verlangt, die er selbst für gewöhnlich erbringt, steht er »neuerlich außerhalb des Gesetzes« (DJ 332). Wie schon gesehen konstituiert das Almosen jedoch keine asymmetrische und irreziproke Gabenbeziehung. Mit seiner Forderung steht Don Juan daher nicht außerhalb, sondern unmittelbar vor dem Gesetz: Der Fluch – diese Parodie auf das Gebetswort des Bettlers – verwandelt das Almosen erst in eine Gabe ohne Gegengabe zugunsten des Spenders und verwirklicht so den einseitigen Gaben- und Richtungssinn des Almosens.

In einer weiteren Szene verletzt Don Juan mit voller Absicht den Weg des Tabaks und erweist sich erneut als »schlechter

Mensch«, der sich »außerhalb des Tauschgesetzes« (DJ 335) stellt. Don Juan ist es darum zu tun, »die egalitäre Kontinuität in der Zirkulation aller möglichen Dinge zu brechen« (DJ 339). Dabei handelt es sich um eine Regel, von der Serres unaufhörlich behauptet, dass sie die Regel der Gabe und des Gabentausches selbst sei. Seinem bäuerlichen Lebensretter Pierrot, der ihn bei schwerem Sturm auf See vor dem Ertrinken rettet, vergilt Don Juan die gute Tat mit Schlechtigkeit: Er spannt ihm die Frau aus, nach der sich dieser liebeskranke Bauer vergeblich verzehrt, und verpasst ihm noch dazu eine Tracht Prügel. Kurz: er gibt nicht »Leben für Leben«, sondern »Küsse für Charlotte und Schläge für Pierrot« (DJ 335). Ist die Schuld, die man gegenüber seinem Lebensretter empfindet, nicht unabzahlbar, so dass sie ein Leben lang bestehen bleibt? Empfindet ein Edelmann gegenüber einem leibeigenen Bauern im Frankreich Ludwigs XIII. überhaupt Schuld und Dankbarkeit oder nicht vielmehr soziale Verachtung, die ihn von jeder Erwiderungspflicht gegenüber Abhängigen entbindet? Weder stiftet die Kultur der Gabe symmetrische Verhältnisse noch auch konstituiert sie eine »egalitäre Kontinuität« (DJ 339) im Hin und Her der Gaben – schon gar nicht innerhalb feudaler Gesellschaften, wie Mauss nur zu gut wusste: Auch wenn der intertribale Gabentausch das gesamte soziale Leben durchdringt, so ist doch der zeremonielle und außenpolitisch wirksame Gabentausch bei den Trobriandern oder dem Stamm der Winnebago ein aristokratisches Privileg (DG 42). Die Clanhäuptlinge praktizieren die Gabe nur mit ihresgleichen, um sich im Wettstreit um die wertvollsten Geschenke an Freigebigkeit zu übertreffen und im Trachten nach Größe, Rang, Ehre und Anerkennung ihren *Point d'honneur* und eigennützigen Vorteil zu finden.

Schließlich bringt Don Juan, der spielend jede Frau haben und heiraten kann, in einer letzten Szene Donna Elvira mit einem falschen Eheversprechen dazu, ihr heiliges Gelübde zu brechen und sich ihm hinzugeben. Er tut dies freilich nur, um sie hernach schmählich fallen zu lassen. Das falsche Spiel, das Don Juan mit den Frauen treibt, hindert ihn jedoch nicht daran, die Fassade männlicher Ehrbarkeit aufrecht zu erhalten und den Schein gottgefälligen Anstands zu wahren. Don Juan beteuert seinen Respekt vor dem heiligen Wort, das die Nonne seinetwillen gebrochen habe und das ihn im Nachhinein daran hindere, sein eigenes Eheversprechen einzulösen. So steht hier, in einer Art negativer Äquivalenz, Wortbruch gegen Wortbruch, allerdings in den unterschiedlichen Sphären von Heiligkeit und Profanität (DJ 338).

Noch die perfideste Komödie der Gabe und des Versprechens setzt die Anerkennung des Tabakverhaltens, das Wissen um die Geltung der Erwiderungspflicht und die Bindungskraft eines gegebenen Wortes voraus. Andernfalls müsste die Fassade der Anständigkeit nicht gewahrt werden, die damit dasjenige bekräftigt und bejaht, was sie hinterrücks lädiert. Das »reduzierte Modell« des Tabaks, das zuvorkommende, einseitige Angebot des Tabaks und dessen gemeinsamer Genuss, ist auch und gerade dort in Kraft, wo es gebrochen, parodiert oder parasitär, zugunsten des eigenen libidinösen Begehrens missbraucht wird. Und das würde selbst dann noch zutreffen, wenn gar alle Welt, wie Serres behauptet, Freigebigkeit heuchelt, »die ganze Gesellschaft [...] Betrug [ist]«, »die ganze Sippe [...] dem illegalen Gesetz [folgt]« (DJ 341) und dabei den Anschein und die Geltungskraft des rechten Tabakverhaltens – die Pflicht zu geben, zu nehmen und zu erwidern – aufrecht erhält. Das Gesetz des Gabentausches ist es gerade nicht, Gleiches mit Gleichem (oder Gleichwertigem) zu vergelten, sondern etwas für etwas anderes zu geben. Damit gerät die Grenze, an der das Geben und Erwidern in bloßes Nehmen und Wegnehmen umkippen kann, zweifellos ins Schwimmen. Die Gabe ist jederzeit vom Parasitären und seinen Maskierungen bedroht. Doch ist das bloß exzessive Nehmen nicht ihr Ausgangspunkt, nicht ihre stets deformierte Regel und nicht ihre »globale« (DJ 341) Realität. Auch wenn der Begriff hier noch nicht ausdrücklich fällt, so bringt Michel Serres jedoch bereits ausgehend von einer parasitären Allgegenwart seine Enttäuschung über den *Essay über die Gabe* zum Ausdruck. Während sich Mauss auf die Seite des Paradigmas des Tabaks geschlagen hat, interessiert Serres nur die Komödie und Heuchelei der Gabe: »Schlagen Sie nun einmal *Die Gabe* auf, dann werden Sie nicht umhin kommen, enttäuscht zu sein. Sie werden darin Leistung und Gegenleistung finden, Almosen und Festessen, das oberste Gesetz, das die Zirkulation der Güter in derselben Weise regelt wie die der Frauen und Versprechen, der Gastmähler, Riten, Tänze und Zeremonien, der Darstellungen, Beleidigungen und *Scherze.*« (DJ 344)

Hier finden wir das Serres'sche Missverständnis noch einmal Schwarz auf Weiß. Anders als Mauss, der den ökonomischen Austausch und die Zirkulation der Güter unter Berufung auf seine Gewährsleute ausdrücklich vom Gabentausch trennt – der *gimwali* der Trobriander ist nicht deckungsgleich mit dem Kula, hier geht es um Äquivalententausch und Gewinninteresse, dort um eine *mélange* aus Freigebigkeit und Eigeninteresse (DG 42) – statuiert Serres für Gabe und Ökonomie dieselben Gesetze, nämlich die der Symmetrie, der Reziprozität und der Äquivalenz. Vor dem Hintergrund dieser für Gabe und Ökonomie vermeintlich identischen Gesetze erscheint der Parasit als die einzige Instanz, die den »Kreis des Gebens und Nehmens« (DJ 337) zu sprengen, die Regeln des Tausches und das ökonomische Äquivalenzprinzip außer Kraft zu setzen vermag.

Serres fährt fort: »Sie werden Recht und Religion dort finden, Ästhetik und Ökonomie, Magie und Tod, Jahrmarkt und Markt und auch die *Komödie.*« (DJ 344) In der Tat. Es ist allerdings die Komödie des Desinteresses, der Freiwilligkeit und der Autonomie, die etwa die Kula-Partner bei der rituellen Übergabe der Kulagegenstände – der *vaygu'a*, der Muschelarmreifen und Halsketten – aufführen, um den Zwang zur Erwiderung, dem sie sich jeweils beugen, zu überspielen (DG 42 f.). Es handelt sich jedoch nicht um die Heuchelei desjenigen, der unter der Maske der Generosität niemals gibt und doch »endlos bekommt« (DJ 337).

»Mußten wir«, so fragt Serres schließlich, »dreihundert Jahre lang auf dem meergrünen Auge des Pazifik herumirren, um nach und nach von Anderen zu lernen, was wir schon wußten, um dort in Übersee archaischen Szenen beizuwohnen, die doch alle Tage am Ufer der Seine gezeigt werden, im Français oder in der Brasserie gegenüber? Aber hätten wir Molière jemals ohne Mauss lesen können?« (DJ 344) Es ist zweifellos ein missverstandener Mauss oder, um mit Serres' eigenen Worten zu reden, eine »mißbräuchliche« Lektüre des *Essays über die Gabe*, die auf der Gleichsetzung von Gabentausch und Ökonomie und der Verkennung der eigentümlichen Mischung von Selbstlosigkeit und Interesse, Freigebigkeit und Eigennutz beruht, die die pazifische Gabe auszeichnet. Das Verständnis der eigentümlichen Logik des einseitigen und asymmetrischen Nehmens, die Serres in *Der Parasit* expliziert, geht zweifellos auf diesen hermeneutischen Missbrauch zurück, der besagt, dass man »beim Tausch in derselben Ordnung verbleib[en]« müsse. Für Serres drehen sich Gabe und Ökonomie in demselben Kreislauf: »Wir befinden uns in den Zeiten der Gabe und in ihrer Logik des Kaufens und Wiederkaufens, der Tausch bewegt diese Zeiten, die Berechnung der Spannen und Wertigkeiten.«[160]

2. Kulturen des Parasiten und der Gastfreundschaft

In dem Maße, in dem Serres Gabentausch und Ökonomie in eins setzt, verwechselt er die Praktik des Gabentausches mit der »Logik« des Parasiten. Der konstruktive Zug, der den Parasiten auszeichnen kann, besteht zweifellos darin, etwas (wenngleich nicht das Gleiche) zurückzugeben: »Der Parasit erfindet eine neue Möglichkeit; weil er nicht wie alle speist, konstruiert er eine neue Logik. Er kreuzt, er diagonalisiert den Austausch. Er tauscht nicht, er wechselt die Münzart. Er versucht, Stimme gegen Substanz zu tauschen, Luftiges gegen Solides oder Superstruktur gegen Infrastruktur.« (DP 58) In dieser chiastischen Logik tritt der Parasit freilich nicht als eine exzessiv nehmende, sondern als eine gebende Instanz in Erscheinung, die etwas für etwas anderes gibt. Die Grenze, die den Erwiderer der Gabe von seinem parasitären Nehmer unterscheidet, wird uneindeutig: Sie bezeichnet die ökonomische Gratwanderung zwischen einer Erwiderung, die mehr und anderes zurückgibt, und einer Erwiderung, die weniger und anderes gegenüber dem zurückerstattet, was sie zuvor erhalten oder sich selbst missbräuchlich angeeignet hat. Noch der eigennützigste, bedenkenloseste und zerstörerischste Nehmer gibt – wider Willen – etwas zurück, wenn er sich an der Tafel oder dem Fleisch seines Wirtes gütlich tut: und sei es die Gabe des Schmerzes oder die der Krankheit. Daher gibt es kein reines Nehmen in der Position desjenigen, der »alles empfängt und nichts gibt« (DP 164), sondern nur ein »nehmendes Geben« und ein »gebendes Nehmen«.[161] Die Gabe ist im Bereich des Parasitären ebenso irreduzibel, wie der Gabentausch mit seinen riskanten Asymmetrien niemals freigesprochen werden kann von der Drohung der »Tafelpickerei«.[162] Wenn es zutrifft, dass die Gabe unhintergehbar ist, dann ist auch der Parasit unvermeidlich, den die Gabe stets – ob sie will oder nicht – wie eine lästige Schleppe hinter sich herzieht.

Zu Recht betont Serres, dass das Gastmahl eine *»dramatische Repräsentation«* nicht nur des »Schenkens und Wiederschenkens« (DJ 331), sondern auch der parasitären Funktion bietet. Was Wunder, dass es in *Der Parasit* von fabulösen Gastmählern nur so wimmelt. Simonides etwa, legendärer Erfinder der Mnemotechnik, dem La Fontaine eine ganze Fabel gewidmet hat, wird zum Bankett eines hohen Herrn, seines Zeichens Olympiasieger, geladen, um Loblieder auf seinen Gastherrn anzustimmen und die Gäste mit seinen Grimassen und Scherzen zu amüsieren:[163] »Betrachten Sie Simonides auf dem Gastmahl; er trinkt und ißt, wie es ihm gefällt; seine Position ist präzise die eines Parasiten. Er stopft sich voll, er läßt sich vollaufen dank seiner Verse, er hat die auserlesenen Speisen und das fette Mahl mit Worten bezahlt.« (DP 53) Simonides, Serres sagt es ausdrücklich, hat nicht Nichts gegeben, sondern die Gabe der Gastfreundschaft in anderer Währung erwidert. Als geladener Gast hat er lobende Worte für ein Festmahl geboten, dem Gastherrn damit auf seine Weise Tribut gezollt. »Ohne ihn«, so heißt es an anderer Stelle treffend, »wäre das Festmahl nur ein kühles Essen. Seine Rolle ist es, das Ambiente zu animieren.« (DP 292) Das ist kein unbilliger Gabentausch. Und das ist zum Wenigsten die »präzise Position« des Parasiten.

Ein verräterisches Geräusch, ein Ächzen im Gebälk lässt die fröhliche Runde für einen Augenblick verstummen. Im Unterschied zu Simondes nimmt die Festgemeinschaft jedoch das parasitäre Geräusch, das die Unterhaltung stört, nicht ernst und schließt es mit verhängnisvollen Folgen für den weiteren Verlauf des Abends von ihrer Tafel aus. »Der Lärm ist das Ende eines Systems und die Formierung eines neuen« (DP 103): Vom Knarren des Deckenholzes alarmiert, verlässt Simonides das Bankett und eilt nach draußen. Unterdessen stürzt die Decke ein und begräbt die übrigen Gäste unter sich. Die Legende will es, dass Simonides, indem er die bis zur Unkenntlichkeit zerstückelten Leichen anschließend zu identifizieren und so deren persönliche Bestattung sicherzustellen vermag, zum Erfinder eines neuen topologisches Gedächtnisses wird. Er gibt den Toten ihren je eigenen Ort und Namen zurück, indem er sich daran erinnert, wer vor dem Unglück jeweils an welchem Platz der Tafel gesessen hat. Auch als Erfinder der Mnemotechnik erscheint Simonides daher nicht als Parasit, sondern als zweifacher Geber. Wenn er von den Gebeinen zum Ort und zum Bild überwechselt, gibt er den Toten ihre Identität zurück und mobilisiert zugleich das künstliche Gedächtnis zukünftiger Rhetoren.[164]

Für Serres ist die parasitäre Funktion »fundamental«; sie kommt an kein Ende, stößt an keine Grenze, sondern pflanzt sich in einem kaskadengleichen, unumkehrbaren Gefälle endlos fort. Der größte und rücksichtsloseste Parasit unter den Parasiten – den Tier- und Signal-Parasiten – ist und bleibt in sämtlichen Nahrungs- und Bedeutungsketten der Mensch. Der Mensch ist ein »universeller Parasit«, für den »alles um ihn herum Wirtsraum ist. Tiere und Pflanzen sind ihm beständige Wirte, der Mensch ist ihr ständiger ungebetener Gast. Stets nehmen, doch nie etwas zurückzugeben.« (DP 45) So zutreffend diese anthropologische Skizze der Hybris reiner und tödlicher Nahme auf den ersten Blick auch erscheinen mag, so irritierend ist es zu sehen, dass Serres in seiner ausladenden Parteinahme für den Parasiten mit solchen Formulierungen die von ihm statuierte Logik der »Schaukelbewegung« beständig verrät, eine ambigue Logik, die die Logik des Pharmakon (DP 311) und des Giftes ist: Das parasitäre »Gift kann Heilmittel [sein], und umgekehrt« (DP 298); es kann sich als gut oder aber als schlecht erweisen. Ein jeder ist eines anderen Parasit und zugleich auch stets eines anderen Wirt und Gastgeber. Der Mensch *gibt* zumindest doch den Tod,[165] wenn er Unheil und Verderben über Pflanzen, Tiere, seinesgleichen und über sich selbst bringt; zugleich ist sein Körper und Fleisch selbst Wirtsraum für zahlreiche Parasiten, an dem sich schließlich, zu guter Letzt, noch die Aasfresser laben. Nehmen und Geben, Gabe und Parasit bleiben unaufhörlich aneinander gebunden, bilden selbst eine hybride Mischung und stehen in einer »verwinkelten Unentscheidbarkeit«

zueinander, in der »die Bedeutungen nicht feststehen und sich umkehren können« (FZ 76). Zuweilen lässt sich nicht mehr eindeutig sagen, wer gibt und wer nimmt, was Geben oder Nehmen bedeutet, ob man es mit einer vergifteten Gabe oder einer Heil bringenden Nahme zu tun hat.

Welches sind die Mechanismen, Techniken und Operationen des Parasiten? Serres unternimmt eine Genealogie des Eigentums und der parasitären Aneignung, die in der Beschmutzung ihren entscheidenden Einsatz findet und damit der Freud'schen Entdeckung flagrant widerspricht: »Der Kot ist nämlich das erste Geschenk, ein Teil seines Körpers, von dem sich der Säugling nur auf Zureden der geliebten Person trennt, mit dem er ihr auch unaufgefordert seine Zärtlichkeit bezeigt, da er fremde Personen nicht beschmutzt.«[166] Ist die Entäußerung und Abtretung eines Teils des eigenen Körpers für Freud ursprüngliche Gabe und generöses Zeichen der Hinwendung zum Anderen, verwandelt es sich unter den Auspizien des Parasiten in einen Akt ausschließender *occupatio* und dokumentiert so einmal mehr das Schillern der Bedeutungen von Geben und Nehmen.

Für Serres liegt der Ursprung des Eigentumsrechts weder in einer *declaratio* wie bei Pufendorf noch im ersten Akt einer Gebietseinzäunung wie bei Rousseau, noch auch in einem Verteilungsakt (der sich bereits in Konformität mit der Idee eines bürgerlichen Zustands befindet) im Sinne der Übereignung durch den Willen aller wie bei Kant. Der ursprüngliche Erwerbungsakt besteht für Serres vielmehr darin, »jemand in die Suppe zu spucken« (DP 211) und mit der Errichtung einer Ekelschranke alle anderen vom Genuss derselben auszuschließen. Die Beschmutzung macht das ursprünglich Gemeinsame zum Eigenen: »Der erste, der, nachdem er sein Gebiet mit seinem Kot überzogen hatte, sich herausnahm zu sagen: Das ist mein, fand auch sogleich Leute, die hinreichend angeekelt waren, um ihm zu glauben. Sie zogen sich vor ihm zurück – ganz ohne Krieg und auch ohne Vertrag.« (DP 218) Eigen ist dasjenige, was für mich selbst rein und für alle anderen schmutzig ist: Mein und Dein sind »durch Gerüche geschieden«; die eigenen Sekrete und Körpersäfte setzen die Abscheu erregenden Markierungen und proxemischen Distanzen der A-Sozialität. Die Originalität dieser parasitären Kottheorie des Eigentums liegt freilich nicht in dem Gedanken der Entäußerung eines Teils des eigenen Körpers und seiner Vermischung mit einer äußeren Sache. Schon Locke hatte das äußere *meum* als Arbeit und Werk der eigenen Hände definiert, bei der sich eine »Mischung« des eigenen Körpers mit einer äußeren Sache ereignet.[167] Die Originalität dieser parasitären Kottheorie des Eigentums besteht vielmehr in der Intuition, dass dasjenige Eigentum, das dem fremden Anderen überhaupt nur als Gabe und zum Genuss angeboten werden kann, auf gewisse Weise von der Anwesenheit des eigenen Körpers befreit, ja vom eigenen Körper im buchstäblichen Sinne gereinigt werden muss. Das setzt freilich, was Serres hier unterschlägt, eine ungeheure Arbeit des Menschen an sich selbst, einen Prozess der Zivilisierung und Kulturalisierung – die Einführung und Setzung bestimmter Hygieneordnungen, Peinlichkeits-, Scham- und Affektgrenzen – voraus: »Wir alle kennen saubere Menschen; sie befreien ihre Umwelt von ihrer duftenden Anwesenheit und verstehen es, den Fremden gastfreundlich aufzunehmen. [...] Sich waschen bleibt ein sozialer Akt, seinen Raum reinigen ist eine Geste der Aufnahme, der Religion, der Liebe, des Kollektivs, der Gastlichkeit.« (DP 218 f.) Das dem Fremden angebotene Eigene darf schon nicht mehr ganz eigen, sondern muss auf gewisse Weise neutralisiert und gemein gemacht worden sein. Es darf allerdings nicht so geruchlos sein wie das Geld, das aus diesem Grund auch allen gehören kann. Der Duft der Gabe und Gastfreundschaft ist der des Parfums, das die Dünste des Körpers in Wohlgerüche verwandelt.

Die Kunst der Verwandlung ist eine Art von Omnipotenz. Derjenige, der, wie der Schauspieler, metamorphotisch in jede Rolle schlüpfen und jedermanns Identität annehmen kann, ist ein ausgesprochener Parasit. Die Komödie, die Heuchelei, die Verkleidung, die Metamorphose sind parasitäre Techniken, die in der Tier- und Pflanzenwelt als Mimesis und Mimikry bekannt sind: Der Parasit schafft sich solchermaßen, in kleinen Schritten, mit gleitenden Abweichungen und in einem kaum merklichen Driften, einen Raum, in dem er, vom Wirte unerkannt und nicht befehdet, sich seine scharlachroten Lippen lecken, fett und immer fetter werden kann (DP 314): »Um der Feindseligkeit seines Wirtes zu entgehen, ahmt er zuweilen gar an der Stelle seiner Einnistung einige Zellen des aufnehmenden Gewebes nach.« (DP 300f.) Wann immer der Parasit, dieser illegitime, heimlich-hinterhältige Gast, ein Gewebe und Gehabe produziert, das mit demjenigen des Wirtes identisch zu sein scheint, untergräbt er dessen ausdrückliche Reaktion und paralysiert dessen Abwehr. Der Wirt verhält sich dann so, »als wäre der Besucher sein eigenes Organ« (DP 310), als hätte er gar keinen Eindringling, sondern nur sich selbst zu versorgen. Unter der Maske des Eigenen ist das Eigene nicht mehr eigen, und die parasitäre Heimsuchung und Enteignung kann so weit gehen, dass sich der Parasit an die Stelle des Wirtes zu setzen versteht, so dass schließlich der Wirt und Eigentümer mit einem nur noch geringen Rest an Zugehörigkeit zur Geisel, zum Gast seines Gastes und Parasiten im eigenen Hause geworden ist. Im Übergang von einer Position zur anderen, dort also, wo der Rollenwechsel noch in der Schwebe gehalten wird, lässt sich nicht mehr unterscheiden, wer Gast und wer Wirt, wer gegeben und wer empfangen hat. Und so scheint es, dass das französische Wort *hôte* in seiner zweifachen Bedeutung von Gast und Gastwirt (DP 32) beständig die Gefahr dieser Zwischenzone aufruft, an der jeder Versuch zu spät kommt, das eigene Haus mit Zähnen und Klauen zu verteidigen: Als Mittelloser tritt Molières Tartuffe in die dem Anschein nach ruhige Familie der Orgons ein, um sich Schritt für Schritt in alle Beziehungen einzunisten, mancherlei Krisen heraufzubeschwören und alsbald zu prosperieren: »Er zweigt zu seinen Gunsten das Testament, die Frau und das Vermögen ab, er vertreibt alle, um sich als Herr des Hauses zu etablieren.« (DP 310) Es gibt keinen strengen Unterschied zwischen Gast und Parasit. Ohne die prinzipielle Öffnung gegenüber dem Draußen und Fremden wäre jedes Haus unwirtlich und unheimlich; der schlechte Gast ist nicht das Gegenteil des guten, sondern sein »supplementärer Parasit«.[168] Von ihm rührt das unkalkulierbare Risiko jedes Gabentausches und jeder gastfreundlichen Geste her. Die unbedingte Gastfreundschaft Derridas, die in der radikalen Öffnung des Hauses besteht und dem anonymen Ankömmling – unangesehen seiner Herkunft, seines Namens, Standes und sogar seines Menschseins (VdG 60) – gilt, beruht auf der rückhaltlosen Bejahung dieser äußersten Gefahr des Parasiten. Serres will sich in philosophischer Hinsicht gegenüber der »fundamentalen« Tatsache des Parasiten zweifellos als ein solch unbedingter Gastgeber erweisen, der seine »Augen und Ohren öffne[t], seine Tür öffne[t], seinen Tisch öffne[t], seine Toleranz öffne[t], sein Feuer und seine Produktion darbiete[t].« (DP 21) Die »tragische Gastfreundschaft« (DP 358), die ihre Pforten nicht vor dem Parasiten verschließt, ist für den Gastgeber eine »Chance [...] auf dem Grat« (DP 194).

Denn ohne es selbst zu beabsichtigen, tut der Parasit im funktionellen Sinne zuweilen Gutes und erweist sich, zumindest im Nachhinein, als Wohltäter. Obgleich Serres versichert, mit *Der Parasit* ein »Buch des Bösen« geschrieben zu haben, geht es ihm vor allem darum aufzuzeigen, was wir dem Parasiten verdanken, und dass es beim Sprechen, Essen, Lieben und Leben nicht ohne ihn geht. Daher ist es gefährlich, ihn bis aufs Messer bekämpfen zu wollen und auf ein »Ende des Parasiten« zu hoffen. Für den nicht seltenen Fall, dass der Wirt den parasitären Missbrauch wie eine Rosskur überlebt, ist dieser nämlich »mit einem verstärkten Gleichgewicht«, mit einem informationsreicheren und höher platzierten »Hyper-Gleichgewicht« (DP 256 f.) ausgestattet, das ihn gegenüber weiteren parasitären Übergriffen immunisiert. Eine gewisse Sensibilität und Gewöhnung an den Zufall, die Angst, das Risiko, die Unordnung kann ein System auf einer höheren Ebene von Komplexität konsolidieren (DP 29). Der Parasit fungiert dann als »thermischer Erreger«, der den Wirt beziehungsweise das System mittels Irritation, Entzündung und Doping dazu veranlasst, »seinen Zustand in kleinen Schritten zu verändern«. Solche Störungen können ganz ohne Wirkungen und Nachwirkungen bleiben, geringfügige oder – je nach »Verkettung oder Reproduktion« – gewaltige Effekte und Aktionen zeitigen, die Zustands- oder ganze Systemveränderungen nach sich ziehen. Auf einer sehr abstrakten Ebene ist die Parasitologie daher eine Perspektive zur Untersuchung von Veränderungen und liefert so »die ersten Elemente einer Theorie der Transformationen« (DP 293 f.).

Für Serres sind die ersten kulturellen Akte indes nicht Gesten der Gastfreundschaft, auch und gerade nicht gegenüber dem Parasiten, sondern Akte der Gewalt, Vertreibung, Reinigung und des Ausschlusses: »Der erste«, so paraphrasiert Serres mit einer markanten Änderung die berühmten Zeilen Rousseaus aus dem zweiten *Discours*, »der ein Gebiet oder Feld einzäunte und sich herausnahm, alles, was da war, auszuschließen, wurde zum wahren Gründer der nachfolgenden Geschichtsepoche.« (DP 274).[169] Nicht nur im etymologischen Sinne haben Agrikultur und Kultur denselben Ursprung.[170] Die ursprüngliche Tätigkeit des Priesters, Geometers und Bauers besteht für Serres darin, ein *templum*, einen metrisch abstrakten Raum, ein freies Feld durch Ausgrenzung des Parasitären und restlose Beseitigung alles Störenden, kurz: »eine jungfräuliche Fläche des ausgeschlossenen Dritten« für das Heilige, die Landvermessung und die Ackerpflanzen zu schaffen. Der isotrope, messbare und homogene Raum ist jener absolut keimfreie und leere Raum, »aus dem alles entfernt wurde, in dem alles ausgerissen, beseitigt, ausgezogen wurde«. Dabei handelt es sich um die kulturellen Operationen *par excellence*, die die Sintflut, das verheerende Hochwasser des Nils imitieren, um paradoxerweise mit der Produktion, Konstruktion und Schöpfung *ex nihilo* zu beginnen. *Tabula rasa*: Der von allen Zweifeln, menschlichen Gerüchen und lästigen Fliegen leergefegte Raum der *Cartesianischen Meditationen*, in dem das *cogito* seinen Auftritt hat, ist seit Platon der Raum des philosophischen Denkens. Reinigung und Ausschließung sind *die* philosophischen Gesten schlechthin (DP 274-277). Doch der Parasit lässt sich nicht dauerhaft verdrängen und ausschließen. Entweder kehrt er selbst oder aber es kehren an seiner Stelle andere Parasiten zurück. Die reine Fläche, der leere Raum, der keimfreie Körper, das unbewohnte Haus oder die störungsfreie Kommunikation sind bestenfalls Limesbegriffe, zwangsneurotische Vorstellungen, Wunschfantasien oder Wunder. Um so irritierender scheint es, dass Serres zwischen einer gelungenen und misslungenen Kommunikation unterscheidet,[171] die Liebe zu einer Beziehung ohne störende Dritte verklärt (DP 382) und mit Blick auf ein parasitenloses »Pfingstschema« die Forderung erhebt: »Es gilt entschieden, eine Philosophie ohne Verteiler zu schreiben.« (DP 73)

Serres unterscheidet drei Kommunikationssysteme: Im ersten, dem Leibniz'schen, sind die geschlossenen Fenster der Monaden vor dem Einfall der Parasiten geschützt: Hier läuft die Kommunikation über einen einzigen zentralen Vermittler, der alle mit allen in Beziehung setzt und den Parasiten fast auf Null reduziert. Diese über Gott geleitete, mithin mathematische Vermittlung ist eine »optimale Kommunikation« (DP 71). Das zweite Kommunikationssystem, von dem man aufgrund der Fundamentalität des Parasitären annehmen möchte, dass es das einzig mögliche sei, steht im Zeichen des Hermes und unter den Auspizien des Parasiten: Es ist polyzentrisch, ein Netz ohne Zentrum, mit vielen Kreuzungspunkten, Verteilern, Schnittpunkten und Kanälen, die von Störenfrieden und Parasiten besetzt werden: »Die Nachrichten, die Ströme gehen hindurch, abhängig von den Energien und den Störungen. Empfangen wird, was ausgesendet wird, zuzüglich oder abzüglich des Parasiten. Zuweilen ist die Differenz beträchtlich: Was durchkommt, ist manchmal gleich Null.« (DP 72) Trifft es zu, dass der Lärm unauslöschlich und das (Hintergrund-) Rauschen für jede Kommunikation konstitutiv ist und damit zur Sache selbst gehört (DP 28), dann kann es kein Pfingstwunder der reinen Unmittelbarkeit geben: Pfingsten steht aber für Serres, als drittes Kommunikationssystem, für eine parasitenlose kommunikative Unmittelbarkeit, die ohne Vermittler, Verteiler und Kanäle auskommt. Als Wunder hat Pfingsten keinen Platz in der Wirklichkeit; es kann jedoch als magnetisches, ja göttliches Bild störungsfreier Kommunikation eine Rolle in der wirklichen Kommunikation spielen und auf diese Weise selbst den parasitären Charakter eines Störenfrieds erhalten, der das Sprechen lateral über sich hinaustreibt: »göttlich ist ein Adjektiv, etwas Beiseitegesprochenes« (DP 228).

Welchen Umgang soll man mit dem Parasiten pflegen? Kann man ihn umgehen? Man kann auf den Parasiten mit Gewalt oder Gastfreundschaft antworten, ihn als Figur des Dritten ein- oder ausschließen; während er selbst – je nachdem[172] – Tod und Zerstörung bringen oder aber die Erhöhung von Komplexität, die Anregung der Produktion und die Stiftung von Neuheit bedeuten kann (DP 287). Doch die parasitären Wirkungen bleiben unkalkulierbar. Sie sind nicht zu antizipieren und wahren daher den Charakter eines unvorhersehbaren Ereignisses, auf dessen Ankunft man sich nicht vorzubereiten vermag. Da das Parasitäre unvermeidlich ist und die Neigung hat, bei allzu rigidem Ausschluss wiederzukehren, ist man mit Serres gut beraten, ihm die Tür nicht ganz zuzuschlagen und das Wagnis einzugehen, die eigene Gastfreundschaft beständig auf die Probe stellen zu lassen: Gib Du dem (illegitimen) Gast und Parasiten eine Chance!

3. Von der Irreduzibilität der Gabe: Die Theorie der Quasi-Objekte

Die exklusive Instanz, die in der intersubjektiven Wirklichkeit, und nicht nur wie Pfingsten als Bild und Vision, der parasitären Fundamentalität entkommt, ist die Frau in ihrer Eigenschaft als »universelle Wirtin« und Ernährerin der Welt. Von ihr ausgehend werden die Exzesse des Nehmens nicht nur begrenzt, sondern sogar unterbunden: »Ganz so, als machte die parasitäre Logik vor ihrer Türe Halt und rollte sich zu ihrer Gebärmutter ein.« (DP 332) Innerhalb der Serres'schen Parasitologie ist sie die einzige, die gibt, ohne zu nehmen: Beim Austragen, Stillen und Lieben gibt sie einen Teil von sich (ihren ganzen Körper, die Brust, die warme Milch), führt sie sich selbst in den Mund des Säuglings ein, der von ihr, durch sie und mit ihr trinkt und dabei nicht nur seinen Hunger stillt, sondern auch Lust empfindet – zumindest, wenn man Freud Glauben schenken darf, der in seinen *Drei Abhandlungen zur Sexualtheorie* betont, dass das Gefühl des rhythmischen Ziehens und Saugens, das von der Befriedigung des Hungers abgehoben ist, die erste Empfindung oraler Lust vermittelt. Mit ihr beginnt die polymorphe »Erweckungsgeschichte« der menschlichen Sexualität.[173] Die Linderung des Hungers und die Evokation oraler Lust sind die weiblichen Gaben im Spielraum universaler Gastlichkeit, die bis zur Gabe der Sprache reicht. Die

Muttersprache ist die Sprache unserer gemeinsamen »logischen Mutter«, von deren Brust wir uns unablässig nähren, ohne ihr jemals »zurückerstatten [zu] können, was sie [uns] gegeben hat« (DP 355). Sie gibt den und ist der selbst parasitenfreie Raum des Parasiten: die Gebärmutter mitsamt ihren Substituten: Bett, Haus, Esszimmer (DP 339). Sie ist die platonische *chóra*, die jeder kulturellen Flurbereinigung, Beherrschung und Metrik vorausgeht. »Sie ist noch tiefer. Sie ist der Raum [...], vermöge dessen sowohl Einschluß als auch Ausschluß denkbar werden.« Und so scheut sich Serres nicht, sie als »transzendentale Bedingung« (DP 332) sämtlicher Logiken des ein- und ausgeschlossenen Dritten einzuführen. Offenkundig kommt Serres nicht umhin, vom Wirt und von der anökonomischen Gabe zu sprechen. Zu den stärksten Stücken seiner Parasitologie zählt denn auch seine – als solche nicht deklarierte – Gabentheorie, die die Intersubjektivität, das heißt die Relation als dasjenige, was *zwischen* uns ist, vom gebenden Objekt aus denkt: »Das Subjekt nimmt und gibt nichts, das Objekt gibt und erhält nichts.« (DP 333) Ohne es zu wollen, gerät Serres damit in eine unvermutete Nähe zum *Essay über die Gabe* und belehnt zugleich auf ganz eigene Weise den genuin phänomenologischen Begriff der Intersubjektivität. Weder gibt es zunächst leiblich wie körperlich voneinander getrennte und räumlich distanzierte Individuen, die sich alsdann in der Verschiedenheit ihrer Wahrnehmungsperspektiven zu einer »intersubjektiven Erfahrungsgemeinschaft«[174] zusammenfinden müssen, wie bei Husserl, noch auch gibt es zuerst ein Mitsein mit Anderen oder gar ein alle Differenzen einebnendes Miteinanderdasein im Man, aus dem hernach das Dasein im Vorlauf in den je eigenen Tod heraustritt, um sich als »solus ipse«[175] zu vereinzeln und eigentlich zu werden, wie bei Heidegger. Eher noch befindet sich Serres in einer gewissen Seitenverwandtschaft zu Merleau-Ponty und dessen Konzept der *Zwischenleiblichkeit*, die weder mir noch den

Anderen, uns aber auch nicht gemeinsam gehört, sondern aus der der Eine und die je Anderen durch Prozesse der Ausdifferenzierung in der Verschiedenheit von Selbst- und Fremdbezug hervorgehen und sich dabei an gewissen Kreuzungspunkten berühren, ohne miteinander in Deckung zu geraten.[176]

Serres macht die Ausdifferenzierung, die Entstehung und Markierung des Ich und der je Anderen von bestimmten Objekten, genauer: von sogenannten Quasi-Objekten abhängig, die zugleich als Quasi-Subjekte fungieren, da sie Subjekte bezeichnen und auszeichnen, die es ohne die konstitutive Kraft der Objekte nicht geben würde (DP 345). Die Objekte, die sich zwischen uns befinden, sind keine bloßen Knechte, dienenden Werkzeuge, handlichen Instrumente oder vermittelnden Medien, sondern »erstaunliche Bildner von Intersubjektivität« (DP 349),[177] wie Serres nicht zuletzt anhand des Ballspiels augenfällig machen kann. Der Ball, so hebt Serres an, ist jeweils nur das, was er ist und sein kann, solange er sich in Gebrauch und im Spiel befindet, kurz: er ist nur solange Objekt, solange ihn ein Spieler in der Hand oder aber am Fuße hält. Das Ensemble der Regeln und Praktiken des Ballspiels schließt einsames Spielen aus; innerhalb des kollektiven Spiels gilt indes derjenige als schlechter Mitspieler, der den Ball nicht oder nur zögernd abgibt und so den ungehemmten Fortlauf des Spiels behindert. Wie die Gabe im trobriandischen Kula, so darf auch der Ballbesitz im Mannschaftsspiel stets nur ein befristeter, niemals ein dauerhafter sein. Gabe und Ball sind gleichermaßen dazu bestimmt, an je Andere weitergegeben und nicht als privates Eigentum immobilisiert zu werden: »Der Ball ist das Subjekt der Zirkulation, die Spieler sind nur Stationen und Ruhepunkte« (DP 347), die sich dem Hin und Her der Bewegung des Balls unterwerfen. Im Zuwerfen verbindet und trennt der Ball die einzelnen Spieler mit- und voneinander. In diesem Sinne ist er das konstituierende Objekt, das den Zwischenraum,[178] also dasjenige, was zwischen und unter den einzelnen Spielern ist, je von Neuem zerstört und gestaltet. Unversehens und in rascher Folge wird so Getrenntes verbunden und Verbundenes jäh wieder getrennt. Der Ball, den man als Spieler gefordert ist, unmittelbar an einen geeigneten Mitspieler abzugeben, hat für Serres die Eigenschaft, das Individuum im Augenblick des Ballbesitzes zu markieren und als solches hervorzubringen: »Der Ball ist dieses Quasi-Objekt, Quasi-Subjekt, durch das ich Subjekt bin, d.h. unterworfen, gefallen, heruntergezogen, niedergetreten, [...] ausgestellt« (DP 348), durch das ich aber auch durch einen weiteren Spieler ersetzt werde, der nun wiederum den Ball hat und dadurch zum (aus-)gezeichneten Subjekt wird. Den Ball zu werfen heißt, sich zu unterwerfen: »Das Wir entsteht aus dem wechselnden Aufblitzen und Verdunkeln des Ich. Das Wir entsteht aus der Weitergabe des Ich, aus dem Austausch des Ich. Und durch die Ersetzung, und durch die Stellvertretung des Ich.« (DP 347) Mit der Weitergabe des Objekts verbindet sich für Serres zugleich die Aufgabe des Ich; das Objekt zu geben, bedeutet sich selbst zu geben: »Kann man sein eigenes Ich geben? Es gibt Objekte, mit denen sich das bewerkstelligen lässt, Quasi-Objekte.« Et voilà: Dies ist die Mauss'sche Gabentheorie *in nuce*: »Partizipation ist die Wanderung des Ich durch Weitergabe. Es ist in präzisem Sinne die Aufgabe meines Individuums oder meines Wesens in ein Quasi-Objekt, das nur für die Zirkulation da ist.« (DP 350)

»Es ist wirklich das ›Gesicht‹, die Tanzmaske, das Recht, einen Geist zu verkörpern, ein Wappen oder Tote zu tragen – es ist wirklich die *persona*, die auf dem Spiel steht und die man beim Potlatch, dem Spiel der Gaben, verliert, so wie man sie im Krieg oder aufgrund eines Verstoßes gegen das Ritual verlieren kann.« (DG 72)

Die Aufgabe des Ich *in* ein Objekt, die Serres noch dazu mit dem Rausch, der Trunkenheit und der Ekstase in Beziehung setzt, beziehungsweise mit der »Transsubstantiation des Wesens in eine Relation« (DP 350 f.), ist freilich nichts anderes als die von Mauss in Rede gestellte Personifizierung der Sache und Versachlichung der Person, von der die eigentümliche Lebendigkeit der Gabe herrührt. Die vom Maori-Juristen Tamati Ranaipiri entwickelte Theorie des *hau* interessiert Mauss vor allem als eine Theorie der Besessenheit: Denn sie bringt sowohl das maorische Vermögen der Unterscheidung von Person und Sache als auch die (für das gegenwärtige Europa, wie es Mauss scheinen will, fremd gewordene) Möglichkeit zum Ausdruck, beide zu fusionieren. Im »Spiel der Gaben«[179] bleiben Personen und Sachen nicht mit sich identisch, sondern verändern sich stetig: Person wird Sache, Sache wird Person, fremde Person wird eigene Person, fremde Sache wird eigene Sache. Der in Frage stehende *Geist der gegebenen Sache*, den Mauss im Maoriverständnis der Gabe ausfindig macht, bedeutet, dass die gegebene Sache »nicht leblos ist«, weil sie, auch wenn der Geber »sie abgetreten hat, [...] noch ein Stück von ihm ist« (DG 25). Wie schon gesehen, führt Mauss die eigentümliche Beseeltheit der Sache auf die *mélange* von gebender Person und gegebener Sache zurück, die sich im Augenblick der Übergabe ereignet und dazu führt, dass dem Nehmer mit dem Empfang und der Inhabung der fremden Sache nicht nur eine ausgezeichnete Identität verliehen wird, sondern dass er zugleich von der fremden Person des Gebers besessen ist. Zu geben heißt immer auch, »etwas von sich selbst zu geben« (DG 26), den Verlust seiner selbst *in* die Gabe, in Form einer Entkörperung und Entseelung zu erleiden, die zugleich die »Kraft der Sache selbst« ausmacht. Diese affektive »Kraft der Dinge« nötigt die Besitzer auf Zeit zur Weitergabe: Den gegebenen Sachen, die einer spezifischen Klasse von Gegenständen angehören, die mit den Dingen des täglichen Gebrauchs und Verkaufs nicht identisch sind, wohnt eine »bestimme Kraft inne, die sie zwingt, zu zirkulieren, gegeben und erwidert zu werden« (DG 80). Wie das Serres'sche Quasi-Objekt ist auch die Gabe keine bloße Sache, sondern ein beseeltes Ding, das kurzfristig Prestige und Identität verleiht, die Gabenpartner zugleich miteinander verbindet und voneinander trennt und eine kulturelle Praktik darstellt, die auf prekäre, das heißt parasitär stets gefährdete Weise verschiedene Figuren, Szenen, Repräsentationen und Formen von Intersubjektivität stiftet. Wie getrennt miteinander leben? »Welche Dinge sind zwischen wem?« (DP 353) Nicht jedes Ding eignet sich zur intersubjektiven Weitergabe und Aufgabe des Ich: »Worte, Brot und Wein sind zwischen uns, Wesen oder Relationen. Wir scheinen sie unter uns auszutauschen, während wir doch nur über denselben Tisch oder dieselbe Sprache verbunden sind. Sie saugen an derselben Mutter.« (DP 357) Es ist erstaunlich zu sehen, dass Serres die zur Gabe und Weitergabe bestimmten Quasi-Objekte schließlich auf die universelle Gastlichkeit der Frau zurückführt, die uns zugleich mit ihren Gaben die Gabe des Gebens: des Weitergebens und Aufgebens des Ich verliehen hat. So hat der Parasit auch bei Serres am Ende nicht das allerletzte und verstörende Wort.

VII. Zwischendinge, Quasi-Objekte, Aktanten – ein Ausblick

»Die Dinge besitzen eine eigene Kraft, die bewirkt,
daß man sie gibt und erwidert.« (DG 70)

Trifft die heute viel zitierte Klage von Bruno Latour überhaupt ins Schwarze? »Wir besitzen Hunderte von Mythen, die erzählen, wie das Subjekt (oder das Kollektiv oder die Intersubjektivität oder die Episteme) das Objekt konstruiert [...]. Wir haben jedoch nichts, um uns den anderen Aspekt der Geschichte zu erzählen: wie das Objekt das Subjekt schafft.«[180]

Heidegger zumindest hätte sich über diese Kritik gewundert und darin weniger eine berechtigte Einschätzung der Verleugnung und Reduktion der Dinge innerhalb der europäischen Philosophie und Wissenschaftsgeschichte als vielmehr ein Dokument der Unkenntnis seiner eigenen Philosophie und näherhin seines Aufsatzes *Das Ding* gesehen.[181] Nun mag einem Soziologen wie Latour das durch den rechten Ausschank des Kruges ausgerichtete Geviert der Welt, der Sterblichen und Unsterblichen, des Himmels und der Erde,[182] ausgesprochen fremd bleiben und sich die Schwere der ontologischen Sprache als denkbar ungeeignet erweisen für eine Theorie, die den nichtmenschlichen Wesen – Maschinen, Dingen, Tieren, technischen Artefakten, Requisiten – den Status von Akteuren oder zumindest doch von Aktanten zuweisen und sie als *dramatis personae* in ein Kollektiv aufnehmen möchte, in dem sie, mit Menschen verstrickt und verwoben, leben und sterben. Anders steht es jedoch mit einer Soziologie, die dazu auffordert, selbst Dinge, die gar keine sind – wie die Muttersprache, moralische Imperative, kulturelle Praktiken, Finanzsysteme oder kollektive Vorstellungen –, als eben solche zu betrachten. Weit davon entfernt, die Dinge als passive, indifferente, folgsame und willfährige Objekte zu betrachten, die der uneingeschränkten Handlungs- und Verfügungsmacht der Subjekte unterstehen, hat sich Émile Durkheim nicht umsonst den Vorwurf des Chosismus eingehandelt. Wegen ihres dinglichen oder besser: gegenständlichen Stils, und das heißt aufgrund der Widerständigkeit, mit der die *sozialen Tatsachen* den individuellen Intentionen, Wünschen und Gebärden entgegentreten, und wegen ihres verpflichtenden, ja unausweichlichen und gebieterischen Zwanges, mit dem sie sich dem Sprechen und Handeln des Einzelnen auferlegen, haben sie selbst den Charakter von einigermaßen unverwüstlichen Dingen.[183] Allerdings ragt hinter dem Eigensinn und Eigenleben, die Durkheim den Dingen ebenso wie den sozialen Tatsachen in ihrer konstitutiven Handlungsmacht zugesteht, wie ein Massiv die Hypostase der Gesellschaft auf. Diese schwerwiegende Neigung der Soziologie, nicht auf das große Ganze verzichten zu wollen und ihr Heil im Einzigen zu suchen,[184] scheint sich bei Marcel Mauss, bei dem aus der sozialen Tatsache seines Onkels Durkheim die *totale soziale Tatsache* geworden ist, noch zu verstärken. Doch löst Mauss die Gesellschaft und »selbst die materielle Natur der Dinge« nicht nur in bloße Beziehungen auf: »Alles in ihr [der menschlichen Gesellschaft] sind nur Beziehungen.«[185] Er stellt auch die entscheidende Frage, was das Ding, die Sache selbst, zur Situation und zu den unentwirrbaren Beziehungen *zwischen* Personen – natürlichen wie juristischen, individuellen wie kollektiven Akteuren – beiträgt. Von einem Beitrag der Dinge zu den Beziehungen und maßgeblichen Wirklichkeiten zu sprechen erweist sich freilich als ein noch viel zu schwacher Einsatz, wenn man bedenkt, dass die »Kraft der Sache selbst« eine beständig wiederkehrende Formel und Beschwörung seines *Essays über die Gabe* darstellt, mit der Mauss die Verpflichtung, den Zwang (*force*) und die ganze affektive Wirksamkeit zum Ausdruck bringt, den die Gabe auf die Personen ausübt und sie zur Erwiderung nötigt. Die Gabe ist nicht nur eine Handlung an und mit einem gegebenen Ding; das Ding namens Gabe behandelt zugleich auch auf spezifische Weise ihren Geber, Nehmer und Empfänger und richtet im Verein mit allen Widrigkeiten, denen sie selbst auf ihren Reisen von Person zu Person, von Ort zu Ort ausgesetzt ist, die sozialen Beziehungen und wechselnden Identitäten der Personen ein. Im Unterschied zu Durkheim, der die Totalität, die Gesellschaft wie einen sterblichen Gott installiert, der über alle Dinge und sozialen Veranstaltungen wacht, existiert für Mauss ohne und außerhalb des Gabenereignisses überhaupt keine Beziehung. Gesellschaft *ist* oder besser: das Nexum, der soziale Faden entspinnt sich stets nur in dem Maße, in dem die Gabe ihre »totale« Kraft zur Verpflichtung entfaltet, in dem sie je von Neuem gegeben, genommen und erwidert wird. Die Gabe wird also nicht etwa deswegen von Mauss als eine »totale« Tatsache bezeichnet, weil sie nur in ihrem Verhältnis zur Totalität (*la totalité*), zur Gesellschaft, ihre ganze Wirksamkeit und Wirklichkeit entfaltet, sondern weil sich das »Ganze« (*le tout*) nur in und aus seinen Teilen, will sagen: aus der „Kraft der Sache selbst« ergibt. Daher kann die Gesellschaft niemals ganz, niemals total sein. In ihrem Verhältnis zur partikularen Gabe bleibt sie stets Stückwerk, ist sie nichts anderes als ihre Zwischenglieder, kurz: Sozialität ist jener Binde- und Trennungsstrich, der durch die Praktiken der Gabe je von Neuem gezogen wird. Die Gabe ist ein kulturelles Ding, kraft dessen das soziale Band von Hand zu Hand, Mund zu Mund geknüpft und wieder gelöst wird. Sie hat daher den Charakter eines Zwischen- und Übergangsdinges, wenn sie mit der ihr eigenen Kraft vom Geber zum Empfänger führt, einen Weg zum Anderen bahnt und die Sphäre der Inter-Subjektivität hervorbringt.

Mauss schlägt uns jedoch nicht nur in dieser Hinsicht vor, die Gabe als ein Zwischending zu begreifen. Es ist auch ihre wesentliche Instabilität, die Tatsache also, dass sie nicht mit einem stabilen Hypokeimenon ausgestattet ist, die ihr einen wesentlich oszillierenden Charakter – schwankend zwischen Person und Sache – verleiht. Was das Ding als eigentümliches jeweils ist, darüber entscheiden seit dem römischen Recht die formalen Mechanismen, die die Person von ihrer Sache (das Personen- vom Sachenrecht) trennt und der Person die uneingeschränkte und ausschließliche Verfügung über ihre eigene Sache, über ihr Eigentum zusichert. Mit der Gabe hat es indes eine andere Bewandtnis, die Mauss bei den Maori erstmals im Terminus »hau« und der maorischen Theorie der Erwiderungspflicht entgegentritt: Die maorische, aber auch die samoische oder trobriandische Gabe ist eingebettet in spezifische Prozeduren und Praktiken, die die uns geläufige juristische Grenzziehung zwischen Person und Sache überquert und damit ein anderes Verständnis dessen erzwingt, was die Person und was die Sache jeweils ist oder zumindest doch unter bestimmten Voraussetzungen sein kann: ein Zwischen- oder Quasiding bzw. eine *mélange* aus Person und Sache. Mauss jedenfalls stößt im maorischen Recht und im Gaben- bzw. Dingverständnis der Kwakiutl auf Formulierungen und Ausdrücke, in denen die gegebene Sache selbst zu einer Person mit einem eigenen Namen, einer Erzählung, bestimmten Eigenschaften, Interessen und einer persönlichen Macht, kurz: zu einem spezifischen »Lebewesen« (DG 84 f.) wird. Umgekehrt wird die gebende Person, wenigstens aber ein Teil ihrer selbst, im Gabenereignis ihrerseits zur Sache. Diese *confusion* macht die Binde- und zwingende

Kraft der Gabe aus (DG 25). Mit der Gabe gibt der Geber nicht nur sich selbst, verleiht er der Sache nicht nur seine Persönlichkeit; er wird mit der gegebenen Sache zugleich auch seinerseits versachlicht, wird selbst zur gegebenen Sache, ja er ist nichts anderes als seine Sache.

Es steht außer Frage: Mauss hätte, wie der *Essay über die Gabe* zeigt, Latour, mit seiner viel späteren Forderung nach Geschichten, die erzählen, wie das (erkenntnistheoretische) Objekt das Subjekt schafft,[186] wie die (juristische) Sache die Person konstituiert oder das Gebrauchsding den Ge- und Verbrauchenden macht, bereits mit offenen Armen empfangen. All jene, denen es wie Latour oder Heidegger, Serres oder Mauss darum zu tun ist, zu den konkreten Sachen selbst zurückzukehren und den Dingen ihr verlorenes Eigenrecht zuzusprechen, geraten historisch nicht von ungefähr auf das leicht abschüssige Gebiet des römischen Rechts und an den Ursprung des Wortes »Ding« bzw. »Sache« in den europäischen Sprachen des Nordens und des Südens (»thing«, »chose«, »causa«, »cosa«): Für Serres ist mit dem Auftritt des römischen Rechts die Inszenierung des Dings als einer Streitsache (*res*) verbunden, die, wie der Angeklagte (*reus*), vor ein Tribunal gerufen wird, das kritisch über beide richtet.[187] Heidegger findet in der *res* jene *realitas*, »die den Menschen in irgendeiner Weise angeht«, und in der causa, »eigentlich und zuerst« nicht die Ursache, sondern dasjenige, was der Fall ist, was sich begibt und fällig wird: »*Res* bedeutet das Angehende«,[188] womit Heidegger, ohne es ausdrücklich zu sagen, auf den wörtlichen Sinn von *afficere* anspielt: ein An-Tun und An-Gehen (Affekt, Affektion, Widerfahrnis),[189] das auch Mauss im Sinn hat, wenn er sich auf eine durchaus gewagte etymologische Spekulation der beiden Worte *res* und *reus* einlässt; eine Spekulation, mit der er sich in eine Vorzeit des römischen Rechts der zwölf Tafeln und in die Zeit einer europäischen Praxis »der verpflichtenden Gaben« (DG 97) zurückzuversetzen sucht, in der die Sache noch nicht als jene »rohe und lediglich berührbare Sache«, als jenes »einfache, passive Transaktionsobjekt« auftritt, auf das sie später reduziert worden ist (DG 99): »Der Kontrahent ist zunächst *reus*; er ist vor allem derjenige, der die *res* eines anderen erhalten hat und in dieser Eigenschaft sein *reus* wird, das heißt allein durch die Sache mit ihm verbunden bzw. durch ihren Geist. [...] Wie Hirt bemerkt, war *reus* ursprünglich ein Genitiv *res* und ersetzte *re(i)os*: derjenige, der von der Sache besessen ist.« (DG 101)

Die Gabe ist die zeitweilige Inhabung einer fremden Sache, die besessen macht und so zur Erwiderung zwingt. Dem formalen Akt und Ereignis der *traditio*, der feierlichen Übergabe der affektiv geladenen Sache und ihrer »physischen Ergreifung« (*mancipatio* – in die Hände [*manu*] nehmen [*capere*])[190], weist Mauss im Zusammenhang mit dem *nexum* eine besondere Bedeutung zu. Diesseits der *traditio* gehört die Sache untrennbar zur Person; im Augenblick der Übergabe trennt diese sich von ihrer Sache und bleibt ihr doch durch deren affektive Besetzung verbunden. In der im Über-Geben geschehenden Trennung und Unterscheidung von Person und Sache schließt die *mélange* zugleich die so entstandene Kluft. Die vom Geber affektiv konnotierte Sache ergreift den neuen Inhaber und schlägt ihn mit Besessenheit: In der Frühzeit des römischen Rechts bedeutet Personsein »das von der Sache besessene Individuum« (DG102); Eigentum ist zeitweiliger Besitz und Besessenheit durch eine fremde Sache; die Sache aber »ursprünglich vor allem« dasjenige, »was einem anderen Freude bereitet« (DG 99).

Das Zwischending der Gabe verleiht Personen und Sachen gleichermaßen Handlungs- und Affektpotenziale und versetzt so Praxis und Pathos, *reus* und *res* in ein überdeterminiertes Kräfte- und Wechselverhältnis. Der Rückgang auf die Prozeduren und Mechanismen des römischen Rechts und seine Vorzeit (*stipulatio*, *sponsio, ius iurandum liberti, nexum*)[191] macht indes noch etwas anderes augenfällig: Eine Handlungsmacht, die Menschen und Dingen, Personen und Sachen, Subjekten und Objekten, gleichermaßen zukommt, rührt nicht von einer ominösen magischen Kraft her, sondern von den vorgeschriebenen Transaktionen, verbindlichen Riten, kodifizierten Performativen, habitualisierten Sprachspielen, Körpertechniken und Gesten, die Personen und Sachen in eine spezifische Konstellation, »operative« Verbindung und »Verkettung«,[192] kurz: in verschiedene und aufeinander bezogene Modi der Interaktion und Interpassion bringen.

Dank solcher Prozeduren – die eine religiöse, magische, rechtliche, wissenschaftliche, technische, ästhetische oder aber alltägliche Signatur haben – können Personen und Sachen überhaupt nur als von einander unabhängige und getrennte oder aber als miteinander verschränkte Instanzen, als kulturelle Zwischendinge, Quasi-Objekte und Mischphänomene auf der kulturellen Bühne des Sozialen auftreten. Solche Prozeduren, die den »Effekt poetisieren«, können im Übrigen auch von literarischem, bildlichem oder theatralischem Charakter sein, wie das Stillleben oder das Requisit bezeugen.[193] Und es sind solche Prozeduren, die die Handlungs- und Pathos-, die Aktivitäts- und Passivitätskapazitäten von Personen und Sachen entweder gleichmäßig zwischen beiden auf- und verteilen oder ungleich in die eine bzw. andere Richtung verschieben, so dass es zu Asymmetrien, Handlungsgefällen, Um- und Aufwertungen und zu äußersten Vereinseitigungen kommen kann. Die Gabe ist ein Zwischending und »eine Art Hybride« (DG 131), die nicht nur in den »Gesellschaften am Rande des Pazifiks« (DG 94) und in der römischen Antike aufgeblüht ist, sondern mitten unter uns, Tag für Tag zwischen uns ist und die kritische Arbeit der trennenden Unterscheidungen zwischen Person und Sache (und den Varianten von Subjekt/Objekt, Mensch/Ding) Lügen straft.

Anhang

Siglen

Georges Bataille

DiE Bataille, Georges (1943/1973): *L'expérience intérieure*, in: *Œuvres complètes*, Bd. V, Paris, S. 7-181; dt. *Die innere Erfahrung nebst Methode der Meditation und Postskriptum* (*Atheologische Summe I*), übers. v. Gerd Bergfleth, mit einem Nachwort von Maurice Blanchot, München 1999.

ThdR Bataille, Georges (1948/1976): *Théorie de la religion*, in: *Œuvres complètes*, Bd. VII, Paris 1976, S. 281-361; dt. *Theorie der Religion*, übers. v. Andreas Knop, München 1997.

VT Bataille, Georges (1949/1976): »La part maudite«, in: *Œuvres complètes*, Bd. VII, 3. Auflage, Paris 1976, S. 19-179; dt. »Der verfemte Teil«, in: *Die Aufhebung der Ökonomie*, übers. v. Traugott König/Heinz Abosch/Gerd Bergfleth, 2. Auflage, München 1985, S. 37-234.

Jacques Derrida

FZ Derrida, Jacques (1991): *Donner le temps. 1. La fausse monnaie*, Paris; dt. *Falschgeld. Zeit Geben 1*, übers. v. Andreas Knop und Michael Wetzel, München 1993.

TG Derrida, Jacques (1992): »Donner la mort«, in: *L'éthique du don. Jacques Derrida et la pensée du don.* Colloque de Royaumont décembre 1990. Essais réunis par Jean-Michel Rabaté et Michael Wetzel, Paris, S. 11-108; dt. »Den Tod geben«, übers. v. Hans-Dieter Gondek, in: Anselm Haverkamp (Hg.), *Gewalt und Gerechtigkeit. Derrida – Benjamin*, Frankfurt am Main 1994, S. 331-445.

VdG Derrida, Jacques (1997): *De l'hospitalité. Anne Dufourmantelle invite Jacques Derrida à répondre*, Paris; dt. *Von der Gastfreundschaft.*

Mit einer »Einladung« von Anne Dufourmantelle, übers. v. Markus Sedlaczek, Wien 2001.

WzE Derrida, Jacques (1997): »Le mot d'accueil«, in: *Adieu: à Emmanuel Lévinas*, Paris, S. 39-211; dt. »Das Wort zum Empfang«, in: *Adieu. Nachruf auf Emmanuel Lévinas*, übers. v. Reinold Werner, München/Wien 1999, S. 31-153.

Marcel Mauss

Enfs Marcel Mauss/Henri Hubert (1899/1968): »Essai sur la nature et la fonction du sacrifice«, in: Marcel Mauss, Œuvre I, Paris 1968, S. 193-354.

DG Mauss, Marcel (1923/24/1973): *Essai sur le don. Forme et raison de l'échange dans les sociétés archaïques*, in: *Sociologie et anthropologie*, Paris, S. 145-279; dt. *Die Gabe. Form und Funktion des Austauschs in archaischen Gesellschaften, in: Soziologie und Anthropologie*, Bd. 2, übers. v. Eva Moldenhauer u.a., Frankfurt M./Berlin/Wien 1978, S. 10-144.

TK Mauss, Marcel (1936/1973): »Les techniques du corps«, in: *Sociologie et Anthropologie*, Paris, S. 365-386; dt. »Die Techniken des Körpers«, in: *Soziologie und Anthropologie*, Bd. 2, übers. v. Eva Moldenhauer u.a., Frankfurt M./Berlin/Wien 1978, S. 199-220.

Marie Mauzé

BKp Marie Mauzé (1986): »Boas, les Kwagul et le potlatch«, in: *L'Homme*, XXVI/4, S. 21-63.

Emmanuel Levinas

TuU Levinas, Emmanuel (1961): *Totalité et Infini. Essai sur l'exteriorité*, La Haye; dt. *Totalität und Unendlichkeit. Versuch über die Exteriorität*, übers. v. Wolfgang Nikolaus Krewani, Freiburg/München 1987.

JdS Levinas, Emmanuel (1974): *Autrement qu'être ou au-delà de l'essence*, La Hague; dt. *Jenseits des Seins oder anders als Sein geschieht*, übers. v. Thomas Wiemer, Freiburg/München 1992.

Claude Lévi-Strauss

ESV Lévi-Strauss, Claude (1949): *Les structures élémentaires de la paranté*, Paris; dt. *Die elementaren Strukturen der Verwandtschaft*, übers. v. Eva Moldenhauer, 2. Auflage, Frankfurt am Main 1984.

EWM Lévi-Strauss, Claude (1950/1973): »Introduction à l'Œuvre de Marcel Mauss«, in: Marcel Mauss, *Sociologie et anthropologie*, Paris, S. IX-LII; dt. »Einleitung in das Werk von Marcel Mauss«, in: Marcel Mauss, *Soziologie und Anthropologie*, Bd. 1, übers. v. Eva Moldenhauer u.a., Frankfurt M./Berlin/Wien 1978, S. 7-41.

DhW Lévi-Strauss, Claude (1952): »Le Père Noël supplicié«, in: *Les Temps Modernes* No 75, S. 1572-1590; dt. »Der hingerichtete Weihnachtsmann«, in: *Der Komet. Almanach der Anderen Bibliothek auf das Jahr 1991*, Frankfurt am Main 1990, S. 162-190.

WD Lévi-Strauss, Claude (1962): *La pensée sauvage*, Paris; dt. *Das Wilde Denken*, übers. v. Hans Naumann, Frankfurt am Main 1973.

Michel Serres

DJ Serres, Michel (1968): »Le don de Don Juan ou la naissance de la comédie«, in: *Critique* Tome XXIV/No. 250, S. 251-263; dt. »Hermes tritt auf: Don Juan«, in: *Hermes I. Kommunikation*, übers. v. Michael Bischoff, Berlin 1991, S. 327-345.

DP Serres, Michel (1980): *Le Parasit*, Paris; dt. *Der Parasit*, übers. v. Michael Bischoff, Frankfurt am Main 1987.

William Robertson Smith

DRdS Smith, William Robertson (1889/1907): *Lectures on the Religion of the Semites*, London; dt. *Die Religion der Semiten*, übers. v. R. Stübe, Freiburg i. Br./Leipzig/Tübingen 1899.

Anmerkungen

1 Maurice Leenhardt, »La fête du Pilou en Nouvelle-Calédonie«, in: *L'Anthropologie*, Bd. 32 (1922), S. 221-263, hier: S. 263. Diese neukaledonische Selbstdarstellung des Gabensystems im Sinne eines »Spiels der Nadel« zitiert auch Mauss (vgl. DG 40).

2 Von diesem Vorwurf der Nichtlektüre muss man vor allem einen Leser freisprechen, dem das Verdienst zukommt, den *Essay über die Gabe* genau gelesen und kommentiert zu haben. Siehe die instruktiven Untersuchungen von Erhard Schüttpelz, dem die hier angestellten Überlegungen – *fait social total* – »alles« verdanken und folglich »alles« zurückgeben müssen: Erhard Schüttpelz, »*Pazifik* – Zur Terminologie der *Gabe* von Marcel Mauss«, in: Thomas Kater/Albert Kümmel (Hg.), *Der verweigerte Friede. Der Verlust der Friedensbildlichkeit in der Moderne*, Bremen 2003, S. 337-338; sowie »Gift, gift«, in: *Die Moderne im Spiegel des Primitiven. Weltliteratur und Ethnologie (1870-1960)*, München 2005, S. 173-222.

3 Franz Boas, *Kwakiutl-Ethnography*, hrsg. v. Helen Codere, Chicago/London 1966, S. 81.

4 Marcel Mauss, *Manuel Ethnographie*, Paris 1947, S. 153.

5 Mauss bestreitet Huvelins Annahme, dass die dem *wadium* und *nexum* zugemessene verbindliche Kraft auf sympathetischer Magie (im Sinne Frazers) gegründet sei (vgl. Paul Huvelin, »Magie et droit individuel«, in: *L'Année Sociologique* [1905-1906], S. 1-47, hier: S. 29 f.). Diesseits aller möglichen, nicht aber notwendigen magischen Implikationen sind die Pfänder für Mauss »belebte Sachen«, kraft deren die »Kontrahenten [...] gebunden [werden]«. Auf dem Hintergrund des »rein« ökonomischen Geschäftes müssten diese die »belebten Sachen« betreffenden »zusätzlichen Tauschgeschäfte« als übergängliche »Spuren der alten obligatorischen [...] Gaben« angesehen werden (DG 96).

6 So etwa Marshall Sahlins, »The Spirit of the Gift: une explication de texte«, in: Jean Pouillon/Pierre Maranda (Hg.), *Échanges et Communications*, Bd. 2, Den Haag/Paris 1970, S. 998-1012, hier: S. 998 – oder Maurice Merleau-Ponty, »Von Mauss zu Lévi-Strauss«, übers. v. Bernhard Waldenfels, in: Alexandre Métraux/Bernhard Waldenfels (Hg.), *Leibhaftige Vernunft. Spuren von Merleau-Pontys Denken*, München 1986, S. 13-28, hier: S. 15.

7 Erhard Schüttpelz, »*Pazifik*«, a.a.O., S. 347.

8 Jacques Derrida, »›Il faut bien manger‹ ou le calcul du sujet«. Entretien avec Jean-Luc Nancy, in: *Cahiers Confrontations* 20 (1989), S. 91-114, hier: S. 100.

9 Siehe dazu Jacob Grimm, »Über Schenken und Geben«, gelesen in der Akademie der Wissenschaften am 26. October 1848, in: *Abhandlungen zur Mythologie und Sittenkunde*, Berlin 1865, S. 173-210, hier: S. 176.

10 Marcel Mauss, *Manuel Ethnographie*, a.a.O., S. 150.

11 Jacob Grimm, »Über Schenken und Geben«, a.a.O., S. 190.

12 Zu Recht betonen allerdings Organisationstheoretiker wie Ortmann oder Soziologen wie Caillé, dass es des »Geistes der Gabe«, des unentgeltlichen Vorschusses des Vertrauens, der Gesten der Höflichkeit oder, mit Luhmann gesprochen, der »Achtungskommunikation« auch und gerade in den Organisationen, öffentlichen Verwaltungen, Unternehmen usw. bedarf, damit sie überhaupt »funktionieren«. Günther Ortmann, *Als Ob. Fiktionen und Organisationen*, Wiesbaden 2004, S. 161 ff.; Alain Caillé, *Anthropologie der Gabe*, übers. v. Frank Adloff und Christian Pailloud, Frankfurt M./New York 2008, S. 94 f.

13 Kant, *Kritik der Urteilskraft* (1790), in: *Kants Werke. Akademieausgabe*, Bd. V, Berlin 1968, S. 218.

14 Marcel Mauss, »Fragment d'un plan de sociologie générale descriptive« (1934), in: *Œuvre* III, Paris 1969, S. 303-358, hier: S. 347. »L'interpénétration pacifique« heißt es im Text unter dem Stichwort »paix«, ein Wortspiel, das Erhard Schüttpelz in »Pazifik« (a.a.O., S. 337 f.) aufgreift und variiert.

15 In einer gemeinsam mit Henri Beuchat verfassten Studie hatte Mauss den für Durkheims Religionssoziologie entscheidenden Begriff der *effervescence*, den man mit »Gärung«, »Aufschäumung«, »Aufregung« beziehungsweise »Aufwallung« übersetzen kann, bereits selbst verwendet: »Über den jahreszeitlichen Wandel der Eskimogesellschaften. Eine

Studie zur sozialen Morphologie« (1904/05), in: *Soziologie und Anthropologie*, Bd. 1, übers. v. Eva Moldenhauer u.a., Frankfurt M./Berlin/Wien 1978, S. 182-278, hier: S. 271.

16 Vgl. dazu von der Verfasserin »Die Geburt der Gesellschaft aus dem Taumel der Ekstase« in: *Figuren des Politischen*, Frankfurt am Main 2009, S. 174-190; siehe v. a. Émile Durkheim, *Die elementaren Formen des religiösen Lebens* (1911), übers. v. Ludwig Schmidts, Frankfurt am Main 1994, S. 565. Mauss selbst hatte in dem gemeinsam mit Henri Hubert verfassten »Entwurf einer allgemeinen Theorie der Magie« ([1902/02], in: *Soziologie und Anthropologie*, Bd. 1, a.a.O., S. 45-179, hier: S. 159) noch eine solche selbstbezügliche Affekttheorie von Gesellschaft konzipiert, an der der *Essay über die Gabe* massive (Selbst-)Kritik übt: Zum einen glaubt er nicht mehr an eine übergeordnete soziologische Wahrheit, die über die Erkenntnismöglichkeiten der Akteure hinausgeht. An deren Stelle setzt Mauss eine inversive Ethnografie: die Infragestellung der eigenen Gesellschaft und Vernunft aus der Perspektive fremder Gesellschaften und fremder Vernunft. Zum anderen wird die Konstitution von Gesellschaft auf die Verpflichtung zur Gabe und Gastfreundschaft gegenüber fremden Gesellschaften zurückgeführt.

17 Émile Durkheim/Marcel Mauss, »Über einige primitive Formen von Klassifikation. Ein Beitrag zur Erforschung der kollektiven Vorstellungen« (1903), in: Émile Durkheim, *Schriften zur Soziologie der Erkenntnis*, übers. v. Michael Bischoff, hrsg. v. Hans Joas, Frankfurt am Main 1987, S. 171-256, hier: S. 215, S. 200.

18 Jean-Luc Nancy, *singulär plural sein*, übers. v. Ulrich Müller-Scholl, Zürich/Berlin 2004, S. 62f.

19 Marcel Mauss, »Fragment d'un plan de sociologie générale descriptive«, a.a.O., S. 347.

20 Friedrich Nietzsche, *Die fröhliche Wissenschaft*, Zweites Buch (1882), in: *Kritische Studienausgabe*, Bd. 3, hrsg. v. Giorgio Colli und Mazzino Montinari, New York/München 1967-77/1988, Nr. 60, S. 424f.

21 Jean-Luc Nancy, *singulär plural sein*, a.a.O., S. 135.

22 Erhard Schüttpelz gebührt das Verdienst, diese zu Unrecht vergessene, antinationalistische Konzeption der Körpertechniken und ethnologische Medientheorie *avant la lettre* wiederentdeckt zu haben: »Der Fetischismus der Nationen und die Durchlässigkeit der Zivilisation. Globalisierung durch technische Medien bei Marcel Mauss (1929)«,

in: Stefan Andriopoulos/Bernhard Dotzler (Hg.), *1929. Schnittpunkte der Medialität*, Frankfurt am Main 2002, S. 158-172. Vgl. zum Folgenden die entsprechenden Passagen aus: »Statt einer Einleitung. Plädoyer für eine Ethnologisierung der Kulturwissenschaft(en)«, in: Iris Därmann/Christoph Jamme (Hg.), *Kulturwissenschaft(en). Konzepte, Theorien, Autoren*, München 2007, S. 7-33.

23 Friedrich Nietzsche, *Menschliches, Allzumenschliches*, Zweite Abtheilung: *Der Wanderer und sein Schatten* (1880), in: KSA, Bd. 2, II, 5., S. 541.

24 Émile Durkheim/Marcel Mauss, »Note sur la notion de civilisation« (1913), in: *Œuvre* II, Paris 1974, S. 451-455, hier: S. 477.

25 Marcel Mauss, »Les civilisations. Éléments et formes« (1929), in: *Œuvres* II, a.a.O., S. 456-479, hier: S. 477. Zu den verschiedenen semantischen Umwälzungen, die das Wort »civilisation« im Französischen erfahren hat, siehe Jean Starobinski, *Das Rettende in der Gefahr. Kunstgriffe der Aufklärung*, übers. v. Horst Günther, Frankfurt am Main 1990, S. 9ff.

26 Marcel Mauss, »Les civilisations. Élements et formes«, a.a.O., S. 459. Vgl. auch Émile Durkheim/Marcel Mauss, »Note sur la notion de civilisation«, a.a.O., S. 454.

27 Marcel Mauss, »La nation« (1920), in: *Œuvre* III, a.a.O., S. 573-625, hier: S. 610.

28 Ebd., S. 599.

29 Marcel Mauss, »Les civilisations. Éléments et formes«, a.a.O., S. 476.

30 Marcel Mauss, »La nation et l'internationalisme« (1920), in: *Œuvre* III, a.a.O., S. 626-639, hier: S. 626.

31 Marcel Mauss, »La nation«, a.a.O., S. 599, S. 591, S. 595, S. 596, S. 599.

32 Georges Bataille, »Sacrifices« (1936), in: *Œuvres complètes*, Bd. I, Paris 1970, S. 89-96, hier: S. 92, S. 95.

33 Georges Bataille, »L'art, exercice de cruauté« (1949), in: *Œuvres complètes*, Bd. XI, Paris 1988, S. 480-468.

34 Zu dieser Opfer-Besessenheit Batailles und seiner durchweg ambiguen Position, der es nicht gelingt, das »Opfer zu opfern«, siehe die instruktiven Überlegungen von Jean-Luc Nancy, »Was nicht geopfert werden kann«, übers. v. Hans-Dieter Gondek, in: Iris Därmann/Christoph Jamme (Hg.), *Fremderfahrung und Repräsentation*, Weilerswist 2002, S. 47-80, hier: S. 64.

35 Georges Bataille, *Die Erotik* (1957), neu übersetzt und mit einem Nachwort versehen von Gerd Bergfleth, München 1994, S. 86. »Die Litera-

tur kommt in der Tat nach den Religionen, deren Erbin sie ist. Das Opfer ist ein Roman, ist ein Märchen, auf blutige Weise illustriert.«

36 Ebd., S. 80.

37 Georges Bataille, *Die Tränen des Eros* (1959-61), übers. v. Gerd Bergfleth, München 1981, S. 246f. Vgl. auch DiE, 166f., wo die Identifizierung mit dem blicklosen Blick des Gefolterten deutlich zur Sprache kommt: »Ich habe meine Zuflucht zu aufwühlenden Bildern genommen. Insbesondere heftete ich den Blick auf die Photographie oder manchmal das Erinnerungsbild derselben – eines Chinesen, der in meiner Lebenszeit zum Martertod verurteilt worden ist. Von dieser Marter hatte ich einst eine Folge von Aufnahmen besessen. Am Ende wand sich der Gemarterte, mit abgehäuteter Brust und an Ellenbogen und Knien abgetrennten Armen und Beinen. Die Haare zu Berge stehend, gräßlich, entsetzt, mit Streifen von Blut, schön wie eine Wespe. Ich schreibe ›schön‹! ... etwas entgeht mir, entflieht mir, die Angst entzieht mich mir selbst, und meine Augen gleiten ab, wie wenn ich die Sonne hätte fixieren wollen.«

38 Georges Bataille, »L'art, exercice de cruauté«, a.a.O., S. 486.

39 Georges Bataille, *Die Tränen des Eros*, a.a.O., S. 247.

40 Ebd., S. 89.

41 Ebd., S. 247.

42 Vgl. auch ThdR 68. »[...] ohne Gewalt kann es keinen Bruch mit der Ordnung des getrennten Dinges, keine Intimität geben.«

43 Georges Bataille, »L'art, exercice de cruauté«, a.a.O., S. 486.

44 Georges Bataille, »Le facisme en France« (1934), in: Œuvres complètes, Bd. II, Paris 1970, S. 205-213, hier: S. 212f.

45 Vgl. dazu: »In jeder Religion ist die Dramatisierung wesentlich; wenn sie aber rein äußerlich und mythisch ist, kann sie gleichzeitig mehrere selbständige Formen annehmen. Opfer verschiedener Intention und Herkunft verbinden sich. Bei jedem bezeichnet der Augenblick, in dem das Opfer geschlachtet wird, den Intensitätspunkt einer Dramatisierung. Wenn wir nicht zu dramatisieren wüßten, könnten wir nicht aus uns herausgehen. Wir würden isoliert und eingepfercht leben.« DiE 23.

46 »In ihrer höheren Form rufen Literatur und Theater [...] durch symbolische Darstellungen tragischen Ruins (Erniedrigung oder Tod) Angst und Schrecken hervor; in ihrer niedrigeren Form erregen sie durch analoge Darstellungen [...] Gelächter. Der Begriff Poesie, der die am

wenigsten verdorbenen, am wenigsten intellektualisierten Ausdrucksformen eines Verlorenseins bezeichnet, kann als Synonym von Verschwendung angesehen werden; Poesie heißt nämlich nichts anderes als Schöpfung durch Verlust. Ihr Sinn ist also nicht weit entfernt von dem des Opfers.« Georges Batailles, »Der Begriff der Verausgabung« (1933), in: *Die Aufhebung der Ökonomie*, übers. v. Traugott König/Heinz Abosch/Gerd Bergfleth, 2. Auflage, München 1985, S. 8-31, hier: S. 15.

47 Georges Bataille, »Methode der Meditation« (1947), in: *Die innere Erfahrung nebst Methode der Meditation und Postskriptum* (*Atheologische Summe I*), übers. v. Gerd Bergfleth, mit einem Nachwort von Maurice Blanchot, München 1999, S. 231-264, hier: S. 262, Anm. I. »Das Opfer, das in Gestalt der Kunst in den modernen Gesellschaften eine niedrige Stellung einnimmt, hatte ehemals eine hohe inne.«

48 Zu dieser Dialektisierung des Opfers und seiner »Vergeistigung« durch die Kunst, die sich nicht nur bei Bataille, sondern auch explizit bei Heidegger und in allen abendländischen Kritiken des rituellen Opfers seit Platon finden, siehe die aufschlussreiche Genealogie des Opfers von Jean-Luc Nancy, »Was nicht geopfert werden kann«, a.a.O., S. 66f.

49 Bataille stellt die vom Prinzip der Verschwendung bestimmte »Opferökonomie« der auf Produktion und Akkumulation basierenden kapitalistischen »Heilsökonomie« entgegen. George Bataille, »Le sacrifice«, in: *Œuvres complètes*, Bd. II, Paris 1970, S. 238-243, hier: S. 241.

50 Die »Heterologie« beziehungsweise »Skatologie« ist bloßes Projekt geblieben, das Bataille nur ansatzweise und mittels weniger Fundstücke skizziert hat; vgl. Georges Bataille, »Dossier ›Hétérologie‹«, in: *Œuvres complètes*, Bd. II, Paris 1970, 167-205; sowie »Dossier de la polémique avec André Breton«, in: ebd., S. 51-109, hier: S. 61-65. Siehe dazu Bernd Mattheus, *Georges Bataille. Eine Thanatographie*, Bd. I, München 1984, S. 206.

51 Zu den hier verhandelten Opfertheorien von Robertson Smith über Tylor bis hin zu Mauss und Hubert siehe bereits die entsprechenden Passagen des VII. Kapitels (»Die Geburt der Gesellschaft aus dem Taumel der Ekstase. Das rituelle Opfer in Durkheims Religionssoziologie«) meines Buches *Figuren des Politischen*, a.a.O., S. 174-190.

52 Edward B. Tylor, *Primitive Culture. Researches into the Development of Mythology, Philosophy, Religion, Language, Art, and Custom*, Vol. II (1871), London 1913, S. 376-406.

53 Marcel Détienne/Jean-Paul Vernant (Hg.), *La cuisine du sacrifice en pays grec*, Paris 1979, S. 34.

54 Richard Schenk, »Opfer und Opferkritik aus der Sicht der römisch-katholischen Theologie«, in: ders. (Hg.), *Zur Theorie des Opfers. Ein interdisziplinäres Gespräch*, Stuttgart/Bad Canstatt 1995, S. 193-250, hier: S. 197.

55 Georges Bataille, »Der Begriff der Verausgabung«, a.a.O., S. 18.

56 Die folgenden ethnografischen und kolonialhistorischen Erläuterungen zum Potlatch gehen auf das Kapitel »Marcel Mauss' Gabenweltreise« meines Buches *Fremde Monde der Vernunft* (München 2005, S. 137-147) zurück.

57 Christopher Bracken, *The Potlatch Papers. A Colonial Case History*, London 1997, S. 77 ff., S. 80.

58 Das ist der entscheidende Einsatz für Derridas Gabentheorie: »Der Unterschied zwischen einer Gabe und einem beliebigen anderen Tauschvorgang liegt darin, daß die Gabe die Zeit gibt. *Dort, wo es die Gabe gibt, gibt es die Zeit.* Das, was es gibt, was die Gabe gibt, ist die Zeit.« (FZ 58 f.)

59 Sergei Kan, *Symbolic immortality. The Tlingit Potlatch of the nineteenth century*, Washington/London 1989, S. 238.

60 Siehe dazu Jacques Derrida (FZ 65 ff., 55), der diesen von ihm ignorierten kolonialhistorisch verursachten Wahnsinn der Gabe zur transzendentalen Bedingung ihrer Möglichkeit erhebt: »Eine wesentliche Übertreibung kennzeichnet den Potlatch. [...] Das Problem der Gabe ist ursächlich verknüpft mit ihrer *von vornherein exzessiven, a priori übertriebenen Natur*. Eine Gaben-Erfahrung, die sich nicht a priori irgendeinem Unmaß überließe, eine gemäßigte und maßvolle Gabe wäre keine Gabe.«

61 Helen Codere, »Kwakiutl«, in: Edward H. Spicer (Hg.), *Perspectives in American Indian Culture Change*, Chicago 1961, S. 431-516, hier: S. 456.

62 In seinen zweisprachigen *Contributions to the Ethnology of the Kwakiutl* (New York 1925, S. 65-69 – der Titel wird nur unter dem Autorennamen von Franz Boas geführt) legt George Hunt Nachdruck darauf, dass auch die Kwakiutl-Frauen *Potlatch*-Namen tragen und Privilegien

erhalten, die mit der Verpflichtung einhergehen, ihren Reichtum fortzugeben.

63 Franz Boas, *Kwakiutl-Ethnography*, a.a.O., S. 81.

64 Ebd., S. 27.

65 Siehe Christopher Bracken, *The Potlatch Papers*, a.a.O., S. 83 f. Übersetzung von I.D.

66 Ebd., S. 84 f.

67 Siehe dazu Isabelle Schulte-Trenckhoff, Potlatch: *Conquête et invention: Reflexion sur un concept anthropologique*, Lausanne 1986, S. 120-126.

68 Franz Boas, »Summary of the Work of the Committee in British Columbia«, in: *Report of the British Association for the Advancement of Science for 1898*, London 1899, S. 667-682, hier: S. 681 f. (Übersetzung und Einfügung in eckigen Klammern I.D.).

69 Franz Boas, *The Social Organization and the Secret Societies of the Kwakiutl Indians. Based on personal observations and on notes made by Mr. George Hunt*, Reprinted from Report of the United States National Museum for 1895, Washington 1897, S. 341.

70 Franz Boas, *Kwakiutl-Ethnography*, a.a.O., S. 81.

71 Ebd., S. 51.

72 Ebd., S. 98.

73 Ebd., S. 93.

74 Werner Sombart, *Liebe, Luxus und Kapitalismus: Über die Entstehung der modernen Welt aus dem Geist der Verschwendung* (1913), Berlin 1996. Vgl. dazu Stefan Krieger, *Annäherung an eine Soziologie der Verschwendung. Verausgabung und Grenzüberschreitung als mögliche »Grundmotoren« einer Evolution der Moderne* (Magisterarbeit), Konstanz 1998, S. 4.

75 Friedrich Nietzsche, *Zur Genealogie der Moral. Eine Streitschrift*, Zweite Abhandlung: ›Schuld‹, ›schlechtes Gewissen‹, ›Verwandtes‹ (1887), in: KSA, Bd. 5, 8., S. 305.

76 Georges Bataille, *Œuvres complètes*, Bd. VII, a.a.O., S. 538.

77 Georges Bataille, »Sacrifices«, a.a.O., S. 92, S. 95.

78 Georges Bataille, »Der Gebrauch der Reichtümer« (1947), in: *Die Aufhebung der Ökonomie*, a.a.O., S. 299-302, hier: S. 301.

79 »Nichtsdestoweniger ist die innere Erfahrung ein Projekt, was man auch anstelle.« DiE 39.

80 Vgl. Giorgio Agamben, *Die Zeit, die bleibt. Ein Kommentar zum Römerbrief*, übers. v. Davide Giuriato, Frankfurt am Main 2006, S. 135, S. 138.

81 Georges Bataille, »Die Ökonomie im Rahmen des Universums« (1946), in: *Die Aufhebung der Ökonomie*, a.a.O., S. 289-298, hier: S. 290f.

82 Vgl. dazu Batailles Auseinandersetzung mit Johann Huizingas *Homo Ludens* (1939): »Spiel und Ernst« (1951), in: *Die Aufhebung der Ökonomie*, a.a.O., S. 303-338. Siehe auch die in dieser Hinsicht sehr explizite Aussage in Georges Bataille, »Die Ökonomie im Rahmen des Universums« (1946), in: *Die Aufhebung der Ökonomie*, a.a.O., S. 289-298, hier: S. 298.

83 Ebd., S. 289.

84 Unter Berufung auf Bernardino Sahagun und die Azteken gelingt es Bataille, die Sonne mit dem Opferdispositiv kurzzuschließen: »Selbst die Sonne war in ihren Augen ein Ausdruck des Opfers. Sie war ein menschenähnlicher Gott, der zur Sonne geworden war, als er sich in die Flammen einer Feuersbrunst gestürzt hatte.« VT 73.

85 Jacques Derrida, »Platons Pharmazie« (1968), in: *Dissemination*, übers. v. Hans-Dieter Gondek, Wien 1995, S. 71-190, hier: S. 142.

86 Zum *aequamentum* siehe Émile Benveniste, *Indoeuropäische Institutionen. Wortschatz, Geschichte, Funktionen*, übers. v. Wolfram Bayer/Dieter Hornig/Kathrina Menke, Frankfurt M./New York 1993, S. 76.

87 Claude Lévi-Strauss, *Mythologica. Der nackte Mensch 2*, übers. v. Eva Moldenhauer, Frankfurt am Main 1976, S. 705.

88 Vgl. dazu Jacques Lacan, *Écrits*, Paris 1966, S. 799f.; sowie ders., »Radiophonie«, in: *Scilicet* 2/3 (1970), S. 55-90. Die Kritiker sind sich darin einig, dass Lévi-Strauss die Psychoanalyse sowohl in ihrer Freud'schen als auch in ihrer Lacan'schen Version gründlich missverstanden hat. Zur kurzen, systematischen Einführung siehe Élisabeth Roudinesco, »De près et de loin: Claude Lévi-Strauss et la psychanalyse«, in: *Critiques. Claude Lévi-Strauss* Nr. 620/621 (1999), S. 169-185.

89 Siehe dazu den Brief vom 25.11.1955 an den Chefredakteur von *La Nouvelle Critique*, abgedruckt in: »Der Strukturbegriff in der Ethnologie«, »Nachtrag«, in: *Strukturale Anthropologie I*, übers. v. Hans Naumann, 6. Auflage, Frankfurt am Main 1997, S. 299-368, hier: S. 358, Anm. 31.

90 Vgl. Claude Lévi-Strauss, *Traurige Tropen*, übers. v. Eva Moldenhauer, 12. Auflage, Frankfurt am Main 1999, S. 49. Auch Marx hatte es als eine Aufgabe der Wissenschaft angesehen, »die sichtbare, bloß erscheinende Bewegung auf die innere wirkliche Bewegung zu reduzieren«. Marx, *Das Kapital und Vorarbeiten*, Bd. 3. *Zur Kritik der politischen Ökonomie* (Manuskript 1861-1863), in: *MEW*, Bd. 25, Berlin 1978, S. 324, S. 825. »Alle Wissenschaft wäre überflüssig, wenn die Erscheinungsform und das Wesen der Dinge unmittelbar zusammenfielen.«

91 Claude Lévi-Strauss, »Contributions to Discussions«, in: Sol Tax u.a. (Hg.), *An Appraisal of Anthropology Today*, Chicago 1953, S. 104-124, hier: S. 115. »In my mind, models are reality, and I would even say that they are the only reality.«

92 Als »leichtgewichtig« und »journalistisch« bezeichnet Lévi-Strauss selbst seinen Aufsatz »Der hingerichtete Weihnachtsmann«. Claude Lévi-Strauss/Didier Eribon, *Das Nahe und das Ferne. Eine Autobiographie in Gesprächen*, übers. v. Hans-Horst Henschen, Franfurt am Main 1989, S. 105.

93 Die Kenntnis dieses Textes verdanke ich Erhard Schüttpelz. Für diese Bezugnahme auf *Die elementaren Strukturen der Verwandtschaft* siehe ders., *Die Moderne im Spiegel des Primitiven*, a.a.O., S. 272ff.

94 Claude Lévi-Strauss/Didier Eribon, *Das Nahe und das Ferne*, a.a.O., S. 205.

95 Rousseau hatte mit der Preisgabe der klassischen anthropologischen Bestimmungen seinen *homme naturel* als a-sozial, sprach- und vernunftlos ausgezeichnet und stattdessen in äußerste Nähe zum Tier versetzt, mit dem ihn die Empfindung des Mitleids verbindet und von dem ihn die Vervollkommnungs- wie Nachahmungsfähigkeit und die Wahlfreiheit trennt. Jean-Jacques Rousseau, *Diskurs über die Ungleichheit/Discours sur l'inégalité*, herausgegeben, übersetzt und kommentiert von Heinrich Meier, 4. Auflage, Paderborn/München/Wien/Zürich 1984, Exordium, S. 69f., S. 79, S. 103, S. 105, S. 117, S. 141-143.

96 Lévi-Strauss bezieht sich vielfach auf Rousseaus programmatische Aussage im *Essay über den Ursprung der Sprachen*: (in: Jean-Jacques Rousseau, *Musik und Sprache. Ausgewählte Schriften*, übers. v. Dorothea und Peter Gülke, Wilhelmshaven 1984, Kap. VIII, S. 120) »Wenn man *die* Menschen erforschen will, so muß man sich in seiner eigenen Umgebung umsehen; will man jedoch *den* Menschen erforschen, so muß man

es lernen, seinen Blick in die Ferne zu richten; man muß zuerst die Unterschiede beobachten, um die allgemeinen Eigenschaften zu entdecken.« Vgl. dazu WD 284.

97 Sigmund Freud, *Totem und Tabu. Einige Übereinstimmungen im Seelenleben der Wilden und der Neurotiker* (1912/13), in: *Gesammelte Werke*, Bd. IX, hrsg. v. Anna Freud et al., London/Frankfurt am Main 1940-1952, S. 174.

98 Siehe dazu die 2. Auflage von *Les Structures élémentaires de la paranté*, Paris/Den Haag 1967, S. 10

99 Zu dieser gescheiterten Dekonstruktion des überkommenen Gegensatzes von Natur und Kultur vgl. Jacques Derrida, »Die Struktur, das Zeichen und das Spiel im Diskurs der Wissenschaften vom Menschen« (1966), in: *Die Schrift und die Differenz*, übers. v. Rodolphe Gasché, Frankfurt am Main 1976, S. 422-444, hier: S. 228 ff.

100 Siehe dazu Günter Figal, »Die Rekonstruktion der menschlichen Natur. Zum Begriff des Naturzustandes in Rousseaus ›Zweitem Discours‹«, in: *Neue Hefte für Philosophie* 29 (1989), S. 24-38.

101 Jean-Jacques Rousseau, *Diskurs über die Ungleichheit*, a.a.O., S. 69 f., S. 71, S. 73.

102 Vgl. dazu den aus kulturphilosophischer Sicht ungleich überzeugenderen Versuch von Friedrich Nietzsche, *Jenseits von Gut und Böse*, Fünftes Hauptstück: zur Naturgeschichte der Moral (1886), in: KSA, Bd. 5, 186., S. 105 ff.

103 Die Kreuzcousinen-Heirat hat in den Augen von Lévi-Strauss nicht zuletzt deshalb eine zentrale Bedeutung, weil sie eine Teilung zwischen »vorgeschriebenen und verbotenen Gattinnen« (nämlich den Kreuz- und Parallelcousinen) vornimmt, die »unter dem Gesichtspunkt der biologischen Nähe absolut austauschbar sind«. Die verbotene Frau beziehungsweise erwünschte Gattin ist nichts anderes als eine »Funktion der Sozialstruktur«: Die jeweils von einem Bruder und einer Schwester stammenden Kinder, das heißt die Kreuzcousinen dürfen einander heiraten, während es den von zwei Schwestern beziehungsweise zwei Brüdern stammenden Kindern untersagt ist (ESV 197).

104 Margaret Mead, *Sex and Temperament in Three Primitive Societies*, New York 1935, S. 84 (vgl. ESV 647).

105 Claude Lévi-Strauss, »Die Strukturanalyse in der Sprachwissenschaft und in der Anthropologie«, in: *Strukturale Anthropologie I*, a.a.O., S. 43-67, hier: S. 61.

106 Ebd., S. 66.

107 Siehe dazu Susanne Lüdemann, »Jenseits der Normalisierung. Das Inzestverbot und die Logik der Kultur«, Vortragstyposkript, Konstanz 2007, der es in ihrer kulturtheoretischen Lesweise von Lévi-Strauss' soziologischer Erklärung des Inzestverbotes freilich auf die Setzung und Ermöglichung von Differenzen, nicht aber auf die kulturellen Praktiken der Gabe ankommt.

108 Claude Lévi-Strauss, »Kreuzfahrten der Lektüre«, in: *Der Blick aus der Ferne* (1983), übers. v. Hans-Horst Henschen und Joseph Vogl, Frankfurt am Main 1993, S. 120-140, hier: S. 124.

109 Claude Lévi-Strauss, »Die Familie«, in: *Der Blick aus der Ferne*, a.a.O., S. 73-104, hier: S. 103.

110 Ebd., S. 94.

111 Bei Mauss findet sich keine derartige Privilegierung der Gabenobjekte: »Alle diese Institutionen bringen nur *eine* Tatsache, *ein* soziales System und *eine* Mentalität zum Ausdruck: daß nämlich alles – Nahrungsmittel, Frauen, Kinder, Güter, Talismane, Grund und Boden, Arbeit, Dienstleistungen, Priesterämter und Ränge – Gegenstand der Gabe und Rückgabe ist.« (DG 29)

112 Claude Lévi-Strauss, »Die Strukturanalyse in der Sprachwissenschaft und in der Anthropologie«, a.a.O., S. 63.

113 Michael Oppitz, »Les Structures élémentaires de la paranté«, in: Christian F. Feest/Karl-Heinz Kohl (Hg.), *Hauptwerke der Ethnologie*, Stuttgart 2001, S. 238-245, hier: S. 241.

114 W. R. Head, *Hand Book of the Haka Chin Customs*, Rangun 1917, S. 10 (siehe ESV 365).

115 Claude Lévi-Strauss, »How the gift idea started«, in: *The Unesco courier* 8/12 (1955), S. 8-9, hier: S. 9 (Übersetzung I.D.). Die Kenntnis dieses Textes verdanke ich Erhard Schüttpelz.

116 Jacques Derrida, *Cosmopolites de tous les pays, encore un effort!*, Paris 1997, S. 42.

117 Siehe allerdings Irene E. Harvey, *Derrida and the economy of différance*, Bloomington 1986, S. 203 ff.; sowie Nadja Gernalzick, *Kredit und Kultur. Ökonomie und Geldbegriff bei Jacques Derrida und in der*

amerikanischen Literaturtheorie der Postmoderne, Heidelberg 2000; und jetzt auch die Untersuchungen von Sascha Bischof, denen ich wichtige Anregungen verdanke: »›Was ist Dekonstruktion?‹ oder: Wie die Dekonstruktion ihre Verantwortung wahrnimmt«, in: *Freiburger Zeitschrift für Philosophie und Theologie* 2004, S. 159-173, hier: S. 165 ff.; sowie ders., *Gerechtigkeit - Verantwortung - Gastfreundschaft. Ethik-Ansätze nach Jacques Derrida*, Fribourg 2004.

118 Jacques Derrida, »Implikationen. Gespräch mit Henri Ronse«, in: *Positionen*, übers. v. Dorothea Schmidt, Graz/Wien 1986, S. 33-51, hier: S. 42.

119 Jacques Derrida, »Von der beschränkten zur allgemeinen Ökonomie«, in: *Die Schrift und die Differenz*, a.a.O., S. 380-421.

120 Jacques Derrida, »Economimesis«, in: Sylviane Agacinski et al., *Mimesis des articulations*, Paris 1975, S. 55-94, hier: S. 72.

121 Ebd., S. 62.

122 Jacques Derrida, »Als ob es möglich wäre, ›within such limits‹«, in: *Maschinen Papier. Das Schreibmaschinenband und andere Antworten*, übers. v. Markus Sedlaczek, Wien 2006, S. 261-291, hier: S. 286.

123 Ebd., S. 279.

124 Ebd., S. 283.

125 Ebd., S. 286.

126 Jacques Derrida, »Avoir l'oreille de la philosophie. Entretien avec Lucette Finas«, in: Lucette Finas/Sarah Kofman/Roger Laporte/Jean-Michel Rey, *Écarts. Quatre essais à propos de Jacques Derrida*, Paris 1973, S. 303-312, hier: S. 307.

127 »Accueil, Éthique, Droit et Politique«, Jacques Derrida et Michel Wieviorka, in: Mohammed Seffahi (Hg.), *Manifeste pour l'hospitalité. Autour de Jacques Derrida*, avec la participation de Michel Wieviorka, Grigny 1999, S. 143-154, hier: S. 148 f.

128 Siehe dazu die zum Teil deckungsgleichen Passagen aus *Fremde Monde der Vernunft*, a.a.O., S. 695-719.

129 Jacques Derrida/Elisabeth Roudinesco, *De quoi demain ... Dialogue*, Paris 2001, S. 16, S. 21

130 Jacques Derrida, *Eine gewisse unmögliche Möglichkeit, vom Ereignis zu sprechen*, übers. v. Susanne Lüdemann, Berlin 2003, S. 27.

131 Ebd., S. 31.

132 Franz Boas, *Kwakiutl-Ethnography*, a.a.O., S. 81 (vgl. DG 65).

133 Bronislaw Malinowski, *Argonauten des westlichen Pazifik* (1922), übers. v. Heinrich Ludwig Herdt, hrsg. v. Fritz W. Kramer, Frankfurt am Main 1979, S. 218 ff.

134 Siehe dazu die lehrreichen Ausführungen von Hans-Dieter Gondek, die ich hier zu Rate gezogen habe: »Zeit und Gabe«, in: ders./Bernhard Waldenfels (Hg.), *Einsätze des Denkens. Zur Philosophie von Jacques Derrida*, Frankfurt am Main 1997, S. 183-225, hier: S. 197, S. 204 ff.

135 Franz Boas, »Summary of the Work of the Committee in British Columbia«, a.a.O., S. 681 f.

136 Marcel Mauss, »Gift, gift« (1924), in: *Œuvre* III, a.a.O., Paris 1969, S. 46-51, hier: S. 49 (Übersetzung von I.D.).

137 Ebd.

138 Friedrich Nietzsche, *Zur Genealogie der Moral*, a.a.O., Vorrede, 6., S. 253.

139 Jacques Derrida, »Platons Pharmazie«, a.a.O., S. 141.

140 Ebd., S. 142.

141 Émile Benveniste, *Indoeuropäische Institutionen*, a.a.O., S. 77.

142 Jacques Derrida, *Cosmopolites de tous les pays, encore un effort!*, a.a.O., S. 42.

143 Jacques Derrida, »Débat: Une Hospitalité Sans Condition«, in: Mohammed Seffahi (Hg.), *Manifeste pour l'hospitalité*, a.a.O., S. 133-142, hier: S. 142.

144 Siehe Epheser 2, 19 f. »So seid ihr nun nicht mehr Gäste und Fremdlinge, sondern Mitbürger der Heiligen und Gottes Hausgenossen«; sowie Jacques Derrida, »Fidélité à plus d'un. Mériter, d'hériter où la génealogie fait défaut«, in: *Cahiers Intersignes* 13 (1998), S. 221-265, hier: S. 228.

145 Émile Benveniste, *Indoeuropäische Institutionen*, a.a.O., S. 71 ff.

146 Jacques Derrida, »Débat: Une Hospitalité Sans Condition«, a.a.O., S. 141 f.; VdG 59 f.

147 Jacques Derrida, »Das Prinzip der Gastfreundschaft«, in: *Maschinen Papier*, a.a.O., S. 251-255, hier: S. 255.

148 Jacques Derrida, »Ich misstraue der Utopie, ich will das Un-mögliche. Ein Gespräch mit dem Philosophen Jacques Derrida über die Intellektuellen, den Kapitalismus und die Gesetze der Gastfreundschaft«,

von Thomas Assheuer, in: *Die Zeit*, Nr. 11, 5.3.1998, S. 47-49, hier: S. 49.

149 Jacques Derrida, »Platons Pharmazie«, a.a.O., S. 142.

150 Jacques Derrida, »Als ob es möglich wäre, ›within such limits‹«, a.a.O., S. 286.

151 Siehe dazu auch Sascha Bischof, *Gerechtigkeit - Verantwortung - Gastfreundschaft*, a.a.O., S. 427.

152 Jacques Derrida, *Cosmopolites de tous les pays, encore un effort!*, a.a.O., S. 42.

153 Zum programmatischen Charakter der Erhaltung und Steigerung – und nicht, wie bei Luhmann, der Reduktion – von Komplexität in der Philosophie von Serres siehe Richard Jochum, *Komplexitätsbewältigungsstrategien in der neueren Philosophie: Michel Serres*, Frankfurt am Main 1998, S. 215ff.

154 Athenaios, *Das Gelehrtenmahl*. Buch I-IV, Zweiter Teil, eingel. und übers. v. Claus Friedrich, kommentiert von Thomas Nothers, Stuttgart 1998, S. 462. »Im Heiligtum des Herakles in Kynosarges befindet sich eine Tafel, auf der ein Beschluß des Alkibiades steht; der Schreiber ist Stephanos, der Sohn des Thukydides; in ihm wird über den Begriff gesagt: ›Der Priester soll die monatlichen Opfer zusammen mit dem *Parasiten* darbringen. Diese sollen aus dem Kreis derjenigen genommen werden, die aus Mischehen stammen, sowie deren Kindern, gemäß dem alten Herkommen. Wer aber nicht als *Parasit* Dienst tun will, den soll man deswegen vor Gericht bringen.‹« Der illegitime Status des Parasiten scheint – trotz oder gerade wegen der Heiligkeit seines Amtes – ein Vorbote seiner Ambiguität und seines moralisch schlechten Rufes zu sein.

155 Vgl. dazu auch Ulrich Enzensberger, *Parasiten*, Frankfurt am Main 2001, S. 13f.

156 So heißt es an einer Stelle: »Der Tod der Wirte ist der Tod der Parasiten.« (DP 319)

157 Molière, *Don Juan oder der steinerne Gast*, übers. v. Hans Weigel, in: Komödien, Bd. III, Zürich 1975, S. 11.

158 Georg Simmel, »Exkurs über das Problem: Wie ist Gesellschaft möglich?«, in: *Soziologie. Untersuchungen über die Formen der Vergesellschaftung* (1907) *Gesamtausgabe*, Bd. II, hrsg. v. Otthein Rammstedt, 3. Auflage, Frankfurt am Main 1999, S. 42-61.

159 Georg Simmel, »Exkurs über Treue und Dankbarkeit«, in: ebd., S. 652-670, hier: S. 663, Anm. 1.

160 Michel Serres, *Die fünf Sinne. Eine Philosophie der Gemenge und Gemische*, übers. v. Michael Bischoff, Frankfurt am Main 1993, S. 287.

161 Siehe Bernhard Waldenfels, der in *Antwortregister* (Frankfurt am Main 1994, S. 609-631) das Geben und Nehmen im Zeichen einer responsiven Phänomenologie chiastisch verschränkt und durch ein »nehmendes Geben« und »gebendes Nehmen« verdoppelt. Anders Serres: »Die parasitäre Beziehung hat Löwencharakter, sie ist ungleich: Wer nimmt, gibt nicht, und wer gibt, empfängt nicht.« (DP 252)

162 Athenaios, *Das Gelehrtenmahl.* Buch I-IV, Zweiter Teil, a.a.O., S. 462. Im klassischen Griechenland wurde der Parasit auch als »Tafelpicker« bezeichnet.

163 Freud hat in seiner Analyse des Komischen den Witz »als sozialste aller auf Lustgewinn zielenden Leistungen« und daher ausdrücklich als »Geschenk« bezeichnet: *Der Witz und seine Beziehung zum Unbewußten* (1906), in: *Gesammelte Werke*, Bd. VI, S. 204, S. 166.

164 Siehe dazu Frances A. Yates, *Gedächtnis und Erinnern. Mnemonik von Aristoteles bis Shakespeare*, übers. v. Angelika Schweikhart, Weinheim 1999, S. 13.

165 »Über allen Tieren, die der Mensch gefangenhält«, so heißt es bei Canetti mit Blick auf die Verschiebung von der Gewalt des Jägers zur Macht des Hirten, »hängt sein Todesurteil. Es ist zwar – oft auf lange – *suspendiert*, doch begnadigt wird keines. So gibt der Mensch seinen eigenen Tod, dessen er sich sehr wohl bewußt ist, an seine Tiere ungestraft weiter. Die Spanne Lebens, die er ihnen gönnt, hat etwas von seiner eigenen; nur daß bei ihnen *er* aufpaßt, wann sie ihr Ende erreicht hat.« Elias Canetti, *Masse und Macht*, Hamburg 1960, S. 233f.

166 Sigmund Freud, »Über Triebumsetzungen, insbesondere der Analerotik« (1916), in: *Gesammelte Werke*, Bd. X, S. 402-410, hier: S. 406.

167 John Locke, *Zwei Abhandlungen über die Regierung*, übers. v. Hans Jörn Hoffmann, hrsg. und eingel. v. Walter Euchner, Frankfurt am Main 1977, S. 217.

168 Jacques Derrida, »Die Signatur aushöhlen – eine Theorie des Parasiten«, übers. v. Peter Krapp, in: Hannelore Pfeil/Hans-Peter Jäck (Hg.), *Eingriffe im Zeitalter der Medien*, Bornheim-Roisdorf 1995, S. 29-42, hier: S. 33.

169 Die einschlägige Passage bei Rousseau (*Diskurs über die Ungleichheit*, a.a.O., S. 173) lautet: »Der erste, der ein Stück Land eingezäunt hatte und es sich einfallen ließ zu sagen: dies ist meins und der Leute fand, die einfältig genug waren, ihm zu glauben, war der wahre Gründer der bürgerlichen Gesellschaft.«

170 Vgl. dazu schon Joseph Niedermann, *Kultur. Werden und Wandlungen eines Begriffs und seiner Ersatzbegriffe von Cicero bis Herder*, Florenz 1941, S. 15ff.

171 Siehe dazu »› ... nach einer gewissen Zeit müßt ihr mich vergessen!‹ Ein Gespräch mit Michel Serres«, in: Theodor M. Bardmann, *Zirkuläre Positionen. Konstruktivismus als praktische Theorie*, Opladen 1997, S. 177-196, hier: S. 177.

172 Für Kurt Röttgers hat das Serres'sche »Je-nachdem« den Status einer »Letztauskunft«, die in ihrer »epistemischen Schwebehaltung« »die Größe dieses Werks« ausmacht: »Michel Serres. Strukturen mit Götterboten«, in: Günther Abel (Hg.), *Französische Nachkriegsphilosophie*, Berlin 2001, S. 402-426, hier: S. 419.

173 Sigmund Freud, *Drei Abhandlungen zur Sexualtheorie* (1905, 3. Auflage 1915), in: *Gesammelte Werke*, Bd. V, S. 80, S. 123, S. 95.

174 Edmund Husserl, *Zur Phänomenologie der Intersubjektivität. Texte aus dem Nachlaß. Dritter Teil*: 1929-1935, in: Husserliana, Bd. XV, hrsg. v. Iso Kern, Den Haag 1973, S. 645.

175 Martin Heidegger, *Sein und Zeit*, 15. Auflage, Tübingen 1984, S. 188.

176 Maurice Merleau-Ponty, *Das Sichtbare und das Unsichtbare*, übers. v. Regula Giuliani und Bernhard Waldenfels, München 1986, S. 342.

177 Daran konnte Bruno Latour mit seinem *agency*-Konzept nahtlos anschließen: *Wir sind nie modern gewesen. Versuch einer symmetrischen Anthropologie*, übers. v. Gustav Roßler, Frankfurt am Main 1995, S. 111f.

178 Zu den dezidiert räumlichen Implikationen des zwischen/unter (*inter*) siehe das Projekt einer »wilden Topologie«, wie es in Anlehnung an Lévi-Strauss heißt. Michel Serres, »Mathematischer Weg und erfahrener Weg«, in: Jean-Marie Benoist (Hg.), *Identität. Ein interdisziplinäres Seminar unter Leitung von Claude Lévi-Strauss*, übers. v. Gottfried Pfeffer, Stuttgart 1980, S. 22-47, hier: S. 28.

179 Mauss betont ausdrücklich den Spielcharakter des Gabentausches, der immer auch Elemente einer Prüfung enthält: »Der Potlatch ist in der Tat ein Spiel und eine Prüfung; eine Prüfung z.B. besteht darin,

während des Festessens keinen Schluckauf zu bekommen: ›Lieber sterben, als den Schluckauf haben‹, heißt es bei Boas.« (DG 72, Anm. 155)

180 Bruno Latour, *Wir sind nie modern gewesen*, a.a.O., S. 111 f.

181 Martin Heidegger, »Das Ding« (1949), in: *Vorträge und Aufsätze*, 6. Auflage, Pfullingen 1990, S. 157-175, hier: S. 160-163.

182 Nicht zufällig dreht sich auch Heideggers Ding-Aufsatz um das Schenken, genauer: um »das Geschenk des Gusses, der ein Trunk ist«. Dabei macht sich Heidegger, ohne eigens darauf hinzuweisen, mit dem Krug-Ding die ältere Bedeutung des Wortes »Schenken« im Sinne von »etwas schräg stellen«, einen Trank »einschenken« zu eigen; vgl. Jacob Grimm, »Über Schenken und Geben«, a.a.O., S. 179 f.

183 Mit dem Begriff des *fait social* zielt Durkheim nicht nur auf den Unterschied zwischen »sozialer Wirklichkeit« und »soziologischer Wahrheit«, der die soziologische Erkenntniskritik allererst legitimiert; »soziale Tatsachen« als Dinge zu betrachten heißt darüber hinaus, die Exteriorität, den Widerstand und den (kategorischen) Zwang in den Blick zu nehmen, die die spezifisch »moralische Natur« einer *sozialen Tatsache* (als Denk- und Handlungsimperativ) nicht zuletzt deshalb kennzeichnen, weil Wille, Willkür oder Wunsch des Einzelnen diesem nichts entgegenzusetzen vermögen (Émile Durkheim, *Die Regeln der soziologischen Methode* [1894], übers., hrsg. und eingel. v. René König, Frankfurt am Main 1984, S. 187, S. 121 ff.).

184 Zu diesem monotheoistischen Streben passt die berühmt-berüchtigte Kippfigur, nach der Gott nichts anderes als die »hypostasierte und transfigurierte Gesellschaft« sei. Siehe auch: »Der Begriff der Totalität ist nur die abstrakte Form des Begriffs der Gesellschaft. Sie ist das Ganze, das alle Dinge umfasst.« Émile Durkheim, *Die elementaren Formen des religiösen Lebens*, übers. v. Ludwig Schmidts, Frankfurt am Main 1994, S. 468, S. 590 f.

185 Marcel Mauss, »Divisions et proportions des divisions de la sociologie« (1927), in: *Œuvre* III, a.a.O., Paris 1969, S. 178-245, hier: S. 214.

186 Zu Michel Serres' anti-kantischer Revolution siehe: *Statues. Le second livre des fondations*, Paris 1987, S. 209.

187 Ebd., S. 110 f., S. 307 f., S. 294.

188 Martin Heidegger, »Das Ding«, a.a.O., S. 167 f.

189 Vgl. dazu Bernhard Waldenfels, *Bruchlinien der Erfahrung. Phänomenologie – Psychoanalyse – Phänomenotechnik*, Frankfurt am Main 2002, S. 14-34

190 Zu Tafel 6: »Der feierliche Manzipationsakt ist ein Geschäft per aes et libram, abgeschlossen vor fünf Zeugen und einem Wägemeister (libripens), zurückgehend auf die Zeit, wo es noch kein gemünztes Geld gab, sondern dem Veräußerer der Gegenwert in aes zugewogen wurde. Die Bezeichnung mancipatio rührt daher, daß die gekaufte Sache vom Käufer mit der Hand symbolisch ergriffen wurde (›Handgriff‹: s. Gaius I, 119).« *Das Zwölftafelgesetz.* Texte, Übersetzungen und Erläuterungen von Rudolf Düll, München und Zürich 1989, S. 86.

191 Paul-Friedrich Girard, *Manuel élémentaire du droit romain* (1895-1897), 5. Auflage, Paris 1911, S. 478, S. 432.

192 Vgl. dazu – vor allem in Bezug auf Bruno Latour – die einschlägigen Überlegungen von Erhard Schüttpelz, »Der Punkt des Archimedes. Einige Schwierigkeiten des Denkens in Operationsketten«, in: Georg Kneer/Markus Schroer/Erhard Schüttpelz (Hg.), *Bruno Latours Kollektive*, Frankfurt am Main 2008, S. 234-258, hier: S. 244.

193 Für Benjamin liegt die entscheidende Differenz zwischen Trauerspiel und Schicksalstragödie in der Einführung des Requisits mit einer spezifischen Affekt- und Handlungsmacht: »Ausgeteilt ist das Verhängnis nicht allein unter die Personen, es waltet gleichermaßen in den Dingen. [...] Denn über das Menschenleben, ist es einmal in den Verband des Kreatürlichen gesunken, gewinnt auch das der scheinbar toten Dinge Macht. [...] Der Dolch in seiner Eifersuchtstragödie wird eines mit den Leidenschaften, die ihn führen, weil Eifersucht bei Calderon genauso scharf und handlich wie ein Dolch ist.« Walter Benjamin, *Ursprung des deutschen Trauerspiels* (1925), in: *Gesammelte Schriften*, Bd. I/1, hrsg. v. Rolf Tiedemann und Hermann Schweppenhäuser, Frankfurt am Main 1991, S. 311 f.

Iris Därmann, Dr. phil., ist Professorin für Geschichte der Kulturtheorien am Institut für Kulturwissenschaft der Humboldt-Universität zu Berlin und am Exzellenzcluster »Topoi«. Veröffentlichungen: *Figuren des Politischen* (Frankfurt a. M.: Suhrkamp 2009), *Fremde Monde der Vernunft. Die ethnologische Provokation der Philosophie* (München: Fink 2005); *Tod und Bild. Eine phänomenologische Mediengeschichte* (München: Fink 1995).